ECLESIOGÊNESE:
A REINVENÇÃO DA IGREJA

Leonardo Boff

ECLESIOGÊNESE:
A REINVENÇÃO DA IGREJA

2008

CIP-BRASIL. CATALOGAÇÃO-NA-FONTE
SINDICATO NACIONAL DOS EDITORES DE LIVROS, RJ

B661e   Boff, Leonardo, 1938-
         Eclesiogênese : a reinvenção da Igreja / Leonardo Boff. — Rio de Janeiro : Record, 2008.
         ISBN 978-85-01-08052-3

         1. Cristianismo — Origem. 2. Fé. 3. Mulheres nas obras da Igreja. 4. Mulheres no Cristianismo. 5. Teologia. I. Título.

07-3129.   CDD 270.1
                                                          CDU 27

Copyright © by Animus/Anima Produções Ltda., 2008.

Caixa Postal 92144 — Itaipava, Petrópolis, RJ — Cep 25741-970
Assessoria Jurídica do autor: Cristiano Monteiro de Miranda
(cristianommiranda@terra.com.br)

Projeto gráfico de miolo: ô de casa
Capa: Adriana Monteiro de Miranda

Todos os direitos reservados. Proibida a reprodução, armazenamento ou transmissão de partes deste livro, através de quaisquer meios, sem prévia autorização por escrito.

EDITORA AFILIADA

Direitos exclusivos desta edição reservados pela
EDITORA RECORD LTDA.
Rua Argentina, 171 — Rio de Janeiro, RJ — 20921-380 — Tel.: 2585-2000

ISBN 978-85-01-08052-3
PEDIDOS PELO REEMBOLSO POSTAL
Caixa Postal 23.052 — Rio de Janeiro, RJ — 20922-970

Impresso no Brasil

2008

SUMÁRIO

INTRODUÇÃO — 11

Capítulo I
A COMUNIDADE ECLESIAL DE BASE (CEB): NOVA EXPERIÊNCIA DE IGREJA — 15

Capítulo II
QUE FUTURO POSSUI A COMUNIDADE? — 23
1. A comunidade: antes um espírito na Igreja que uma alternativa à Igreja-instituição — 27
2. A coexistência permanente do institucional e do comunitário na Igreja — 30

Capítulo III
A COMUNIDADE ECLESIAL DE BASE É IGREJA, OU SÓ POSSUI ELEMENTOS ECLESIAIS? — 37
1. Há, em todos os níveis, divergência de opiniões — 41
2. Aprofundamento: pistas para uma compreensão mais ampla do eclesiasticismo das CEBs — 47
   2.1 Como entender o universal e o particular? — 48
   2.2 Qual é a realidade mínima formadora da Igreja particular? — 52
   2.3 O sacramento: a unidade entre o universal e o particular — 55

Capítulo IV
AS COMUNIDADES ECLESIAIS DE BASE E A REINVENÇÃO
DA IGREJA   61

Capítulo V
EM QUE AS CEBs PODERÃO CONTRIBUIR NA SUPERAÇÃO DA
ATUAL ESTRUTURA DA IGREJA   75

Capítulo VI
AS COMUNIDADES ECLESIAIS DE BASE: NOVO MODO DE TODA
A IGREJA SER?   83
1. "Novo modo de ser Igreja": sua ligação com o mais
   antigo modo   86
2. "Novo modo de toda a Igreja ser": em que sentido?   89
3. As CEBs nos ajudam a aprofundar o mistério da Igreja   90
   3.1 O caráter trinitário da comunidade eclesial   91
   3.2 A primeira coluna da Igreja: Jesus Cristo   92
   3.3 A segunda coluna da Igreja: o Espírito Santo   93
   3.4 A Igreja é simultaneamente instituição e acontecimento   94
   3.5 O petrinismo e o paulinismo da Igreja   95
4. A espiritualidade como luta em favor da vida   96
5. Sujeitos novos na sociedade e na Igreja: mulheres,
   indígenas e negros   102
6. Como sobreviver no inverno que se abateu em setores
   importantes da Igreja   105

Capítulo VII
A COLEGIALIDADE DE TODO O POVO DE DEUS:
   UMA INTERROGAÇÃO A PARTIR DA PRÁTICA   109
1. Comunhão-comunidade-colegialidade   113
2. Expressões concretas da colegialidade nas CEBs   117

Capítulo VIII
IGREJA: HIERARQUIA OU POVO DE DEUS? 121
1. Toda a Igreja, clérigos e leigos, são Povo de Deus 125
2. A Igreja, sociedade hierarquizada de poder sagrado 127
3. Uma ponte quebrada: a comunhão hierárquica 129
4. Uma visão coerente de Igreja comunidade de pessoas, de dons e de serviços 131

Capítulo IX
QUIS JESUS UMA ÚNICA FORMA INSTITUCIONAL DE IGREJA? 135
1. Horizonte de compreensão adequado para uma resposta correta 140
2. A imagem de Igreja da teologia tranqüila 141
3. A intenção última de Jesus não é a Igreja, mas o Reino de Deus 142
4. O que pregou Jesus: o Reino de Deus ou a Igreja? 145
   4.1 O conteúdo escatológico e universal do Reino de Deus 145
   4.2 Um sinal escatológico: a constituição dos Doze 146
   4.3 Pedro-pedra, fundamento da fé eclesial após a Páscoa 148
   4.4 A última ceia: derradeiro sinal escatológico 149
   4.5 A escatologia de Jesus: simultaneamente presente e futura 151
5. A morte e a ressurreição de Cristo: condição de possibilidade para a existência da Igreja 152
   5.1 A Igreja como Igreja de judeus e gentios 153
   5.2 Cristo, ligação entre Igreja e Reino de Deus 156
6. A Igreja fundada por Cristo e pelos apóstolos movidos pelo Espírito Santo 157
7. Conclusão: pela Igreja nos chega o Reino 158
8. Conseqüências para uma possível eclesiogênese 159

Capítulo X
PODE O LEIGO CELEBRAR A CEIA DO SENHOR? 163
1. Desafios teológicos de uma prática de celebração 165

2. Possíveis respostas teológicas 167
  2.1 Antigamente quem presidia também consagrava 170
  2.2 O pólo eucarístico: o valor da doutrina apostólica
      sobre a Eucaristia 177
  2.3 O pólo batismal: a Igreja toda sacerdotal 178
3. O coordenador como ministro extraordinário da
   Ceia do Senhor 180
4. Anexo: celebração da Ceia do Senhor numa Comunidade
   Eclesial de Base 185

Capítulo XI
É POSSÍVEL O SACERDÓCIO PARA AS MULHERES? 189
1. O sacerdócio da mulher no horizonte de sua libertação 191
2. Jesus: a voz masculina em defesa da mulher 197
3. Não há argumentos teológicos decisivos contra a
   ordenação da mulher, só disciplinares 201
   3.1 Primeira objeção, a fidelidade histórica: Jesus Cristo foi um
       varão, não uma mulher 202
   3.2 Segunda objeção: Jesus Cristo escolheu somente homens
       para apóstolos, nenhuma mulher 204
   3.3 Terceira objeção: São Paulo disse que as mulheres devem se
       calar na Igreja. Como poderão presidir à Palavra e à Eucaristia? 205
   3.4 Quarta objeção: na Tradição da Igreja nunca houve
       sacerdotisas — nem Nossa Senhora o foi 210
   3.5 Conclusão: a permanência de um costume, e não de uma
       tradição doutrinal 211
4. O sacerdócio da mulher não pode ser o sacerdócio atual
   dos homens 213
5. Perspectivas teológicas para um sacerdócio da mulher 214
   5.1 O sacerdócio universal das mulheres 216
   5.2 O específico do sacerdócio ministerial não é poder consagrar,
       mas poder ser princípio de unidade na comunidade 219

6. Conclusão: o ser humano é *animus* e *anima*, também o religioso e a religiosa 223

Capítulo XII
A IGREJA QUE QUEREMOS: O FUTURO DA IGREJA POPULAR 227
1. De uma comunidade fraternal a uma sociedade hierarquizada 230
2. Uma alternativa seminal: o projeto popular de Igreja 235
3. Estratégias e táticas a usar na resistência e no avanço do projeto popular de Igreja 242

OBRAS DO AUTOR 249

INTRODUÇÃO

O título deste livro representa um programa da Igreja: *Eclesiogênese: a reinvenção da Igreja*. Essa reinvenção é feita não a partir da criatividade dos escritórios dos teólogos, dos padres e dos bispos, mas a partir das Comunidades Eclesiais de Base.

A palavra *eclesiogênese* foi inventada num momento de lazer, que naturalmente são os mais criativos, na Praia Grande, na cidade de Vitória, Espírito Santo. Depois do primeiro encontro de representantes das Comunidades Eclesiais de Base com teólogos, assessores, padres, religiosos, religiosas e bispos em 1975, o bispo Dom Luis Fernandes, Frei Betto e eu, sentados na areia sob um sol escaldante, comentávamos o que havíamos vivido naqueles dias. Como leigos, homens e mulheres assumiam responsabilidades na Igreja e criavam formas novas de comunhão e de serviços.

Para vinho novo, odres novos, para música nova, novos ouvidos. Em razão disso, formulamos a expressão *eclesiogênese*, que quer descrever a gênese da Igreja a partir da fé do povo e das bases da Igreja e da sociedade.

A Igreja não está condenada a ir até o fim do mundo com a atual estrutura, criada ao longo dos séculos, baseada na hierarquia composta só de homens, reservando só para si o uso da palavra e a tomada de decisões sobre todos os assuntos referentes a ela.

Nem sempre foi assim. O estilo de Igreja no norte da África com Santo Agostinho e São Cipriano é diferente daquele do tempo de São Francisco e do Papa-imperador Inocêncio III. A Igreja do Concílio Vaticano I (1870) é bem diversa daquela que surgiu a partir do Concílio Vaticano II (1962-1965).

Assim, hoje, em toda a periferia da Igreja e do mundo emerge uma forma diferente de viver a realidade eclesial: forma comunitária, laical, centrada mais na Palavra que nos sacramentos, mais nos serviços comunitários que nos ministérios, mais na ortopráxis que na ortodoxia, com forte participação das mulheres. Essa emergência é tão forte que levou, em muitos casos, à redefinição do jeito de ser bispo, padre, religioso/religiosa e leigo. A Igreja aparece mais semelhante às suas origens humildes do tempo dos apóstolos: pobre, popular, engajada em questões de justiça e de dignidade humana, profética e, em alguns lugares, martirial. Muitos de seus membros foram perseguidos, torturados e mortos pelo simples fato de serem catequistas, animarem círculos bíblicos e fundarem Comunidades Eclesiais de Base. Isso ocorreu especialmente na América Central sob o regime militar, mas também no Cone Sul sob o regime de Segurança Nacional.

O presente texto analisa o conteúdo teológico-eclesial desse fenômeno tão carregado de promessas. Não teme afrontar problemas espinhosos, como em que sentido as pequenas Comunidades Eclesiais de Base podem ou não ser consideradas verdadeira Igreja, que chances possuem de reformar toda a Igreja, em que medida os leigos e as mulheres – atores principais desse tipo de comunidade – podem celebrar a Ceia do Senhor e aceder ao sacerdócio, até o momento reservado exclusivamente aos homens. E ousa lançar as incômodas perguntas: Jesus quis de fato uma Igreja? Que tipos de instituições podem reivindicar-se à vontade d'Ele?

Hoje, a maioria dos católicos vive no assim chamado Terceiro Mundo e a Igreja Católica é uma Igreja da periferia. Dessa periferia estão vindo as inovações, as formas novas de diálogo e encontro com as diferentes culturas e religiões. Está emergindo um outro tipo de cristão que se mostra interessado num outro mundo possível, que associa fé à justiça, donde nasce a libertação, e que, junto com outros de outras tradições eclesiais e religiosas, revela uma preocupação especial pelos pobres e oprimidos. Essa característica resgata o caráter evangélico da Igreja e a aproxima do exemplo de Jesus e dos apóstolos.

O rigor do discurso teológico não esconde o entusiasmo e a esperança do autor em que a eclesiogênese não apenas signifique uma criação humana de cristãos-novos, mas também expresse a irrupção do próprio Espírito na história para avivar e aprofundar a memória e a herança bem-aventurada deixada por Jesus a todos os seres humanos.

Petrópolis, festa de São Francisco de 2006.

Capítulo I

A COMUNIDADE ECLESIAL DE BASE (CEB): NOVA EXPERIÊNCIA DE IGREJA

O surgimento das CEBs deve ser considerado na conjuntura da sociedade contemporânea cada vez mais globalizada, que produziu uma grande atomização da existência e um geral anonimato das pessoas, perdidas dentro dos mecanismos de macroorganizações, das burocracias e da conseqüente uniformização dos comportamentos, dos quadros e dos horários. O processo de globalização aproximou todos os povos, mas criou também grande uniformização nos modos de ser, pondo em risco as diferenças culturais. Não é impossível que a humanidade seja transformada numa imensa massa de produtores e consumidores anônimos. O sentido de comunidade e de pertença pode se diluir mais e mais. Em vez da comensalidade, vigora o *fast food*.

A despeito da universalização do fenômeno humano, articulou-se, lenta, intensamente, uma reação no sentido de criar comunidades nas quais as pessoas se conhecessem e reconhecessem, pudessem ser elas mesmas em suas individualidades, dizer sua palavra e ser acolhidas e acolher pelo nome próprio. Assim surgiram grupos e pequenas comunidades por toda parte.

As Comunidades Eclesiais de Base (a partir de agora citadas sempre como CEBs) representam o mesmo fenômeno no seio da

Igreja. A partir do segundo milênio, a Igreja havia se organizado segundo um forte esquema hierárquico e uma compreensão jurídica dos relacionamentos entre os cristãos, apresentando inegáveis aspectos mecânicos e coisificados. "A Igreja seria uma grande organização regulamentada por uma hierarquia que detém o poder e cuja clientela apenas teria que observar as regras e seguir as práticas. Não seria isto uma caricatura? Nem tanto", confessa o maior eclesiólogo do século XX, Yves Congar (Congar, *Os grupos informais na Igreja*, 144-145).

Contra essa tendência surgiram as CEBs. Elas representam uma nova experiência de Igreja, de comunidade, de fraternidade, de acordo com a mais legítima e antiga tradição. Seria uma compreensão simplista e sem acuidade para o sentido histórico conceber as CEBs como algo ocasional e passageiro, como uma das frentes novas da estrutura paroquial. Elas constituem um novo modo de ser Igreja. Nesse sentido, representam "uma resposta específica a uma conjuntura histórica vigente" (Demo-Calsing, *Relatório da pesquisa sobre CEBs*, 18-19). Teologicamente significam uma nova experiência eclesiológica, um renascer da própria Igreja e por isso uma ação do Espírito no horizonte das urgências de nosso tempo (Paulo VI, *REB* 34 (1974), 945). Nesta perspectiva, as CEBs deveriam ser contempladas, acolhidas e acompanhadas com o respeito que se deve aos eventos histórico-salvíficos. Tal fato não nos dispensa da diligência necessária na busca de lucidez e de melhores caminhos. Mas todo o esforço de compreensão se instaura no interior dessa contemplação teológica do eminente valor eclesial das CEBs.

Além desse quadro de referência mais geral, existem as motivações mais específicas à própria situação da Igreja e de sua nova consciência. Assim, o surgimento das CEBs se deve também à crise da instituição da Igreja. A falta de ministros ordenados que atendessem às comunidades provocou a fantasia criadora dos próprios pastores, que passaram a confiar responsabilidades cada vez maiores aos leigos. Embora a grande maioria delas deva sua origem a um sacerdote ou a religiosos trabalhando nos meios populares, as CEBs constituem fundamentalmente um movimento de leigos. Eles levam a causa do Evangelho avante, e são portadores de realidade eclesial, também ao nível [sic] da capacidade de organização e de decisão. Essa transposição do eixo eclesial encerra, em gérmen, um princípio novo de "fazer nascer a Igreja", de um "reinício da Igreja" (Congar, *op. cit.*, 129-130), de uma verdadeira eclesiogênese (palavra várias vezes empregada no encontro das CEBs em Vitória, em janeiro de 1975). Não se trata da expansão do sistema eclesiástico vigente, assentado sobre o eixo sacramental e clerical, mas da emergência de uma outra forma de ser Igreja, assentada sobre o eixo da Palavra, da Caridade e do leigo. Pode-se prever que deste movimento, que está tomando conta da Igreja universal, surja um novo tipo de presença institucional do cristianismo no mundo, especialmente nas Igrejas periféricas do Terceiro Mundo, onde na verdade vive atualmente a grande maioria dos católicos e dos cristãos.

Um fenômeno novo cria uma linguagem nova e instaura as categorias próprias para a sua auto-expressão. Assim também as CEBs estão dando origem a uma nova eclesiologia e formulando conceitos novos em teologia. Tudo é ainda incipiente; está ainda em processo; não é uma realidade acabada. Ao pastor e ao teólogo cabe uma advertência: respeitar o caminho que se inaugurou; não querer logo enquadrar o fenômeno com categorias teológico-pastorais nascidas de outros contextos e de outras experiências eclesiais; colocar-se numa atitude de quem quer ver, compreender e aprender; manter a vigilância crítica para poder discernir verdadeiros de falsos caminhos.

A história da Igreja não significa apenas atualização de uma forma antiga e repristinação de experiências históricas passadas. É verdadeira história e por isso é criação do novo-ainda-não-experimentado. O Novo Testamento e a história da Igreja apresentam uma pluriforme encarnação institucional da fé. De Cristo à Parusia, a Igreja não vai em linha reta; passa pelas variações históricas e culturais carregando consigo o mundo e ofertando-o a Deus. Possivelmente encontramo-nos atualmente numa fase de emergência de um novo tipo institucional de Igreja. Isso deverá ser compreendido à luz do Espírito Santo; urge debelar resistências mentais, modificar hábitos eclesiais e manter-se aberto para não abafar o Espírito. Há um leque enorme de questões envolvidas no tema CEBs. Não pretendemos nem mesmo enumerar as mais candentes. Selecionamos algumas que nos parecem significativas: o futuro da comunidade; o eclesiasticismo das CEBs; a contribuição das CEBs na superação da atual estrutura da Igreja; a Igreja como Povo de Deus; o tipo de colegialidade vivida pelas CEBs, e três *temas polêmicos:* o Jesus histórico e as formas institucionais da Igreja; a possibilidade de o leigo celebrar a Ceia do Senhor, e o sacerdócio da mulher e suas possibilidades de concretização específica ao ser-mulher. Por fim, encerrando nossas reflexões, projetamos o tipo de Igreja que gostaríamos que existisse e a sua possibilidade de concretização.

REFERÊNCIAS BIBLIOGRÁFICAS

A. ALONSO, *Comunidades eclesiales de base*, Salamanca, Sigueme, 1970.
A. R. GUIMARÃES, *Comunidade de base no Brasil uma nova maneira de ser Igreja*, Petrópolis, Vozes, 1978.
D. A. O. CARDOZO, *La comunidad de base es família de Dios*, Buenos Aires, Bonum, 1973.
D. BARBÉ e E. RETUMBA, *Retrato de uma Comunidade de Base*, Petrópolis, Vozes, 1970.
E. BELTRÁN, *Pastoral de conjunto y comunidades de base*, Bogotá, Andes, 1971.
F. L. C. TEIXEIRA, *A gênese das CEBs no Brasil – elementos explicativos*, São Paulo, Paulinas, 1988.
J. A. VELA, *Las comunidades de base y una Iglesia nueva*, Buenos Aires, Guadalupe, 1968.
_____, *Comunidades de base, conversión a que?*, Bogotá, Paulinas, 1973.
J. MARINS e T. M. TREVISAN, *Comunidades eclesiales de base. Tema para su formación y desarrollo*, Bogotá, Paulinas, 1975.
J. MARINS, *A Comunidade Eclesial de Base*, São Paulo, 1968.
_____, *Comunidad eclesial de base*, Lima, Curso, 1972.
L. BOFF, *Igreja: carisma e poder*, Rio de Janeiro, Record, 2005.
_____, *Novas fronteiras da igreja*, Campinas, Verus, 2004.
M. BARAGLIA, *Evolução das Comunidades Eclesiais de Base*, Petrópolis, Vozes, 1974.
R. CARAMURU, *Comunidade Eclesial de Base: uma opção decisiva*, Petrópolis, Vozes, 1967.
VÁRIOS AUTORES, *Comunidades de base y nuestra Iglesia*, Madri, Ediciones Acción Católica, 1971.
VÁRIOS AUTORES, *Comunidades de base*, Lisboa, Moraes, 1973.
VÁRIOS AUTORES, *Comunidades de base*, número 104 da revista Concilium, 1975.
VÁRIOS AUTORES (Estudos da CNBB 23), *Comunidades Eclesiais de Base no Brasil*, São Paulo, Paulinas, 1981.
VÁRIOS AUTORES (Estudos da CNBB 3), *Comunidades: Igreja na base*, São Paulo, Paulinas, 1975.
VÁRIOS AUTORES (organizado por A. GREGORY), *Comunidades Eclesiais de Base: utopia ou realidade*, Petrópolis, Vozes, 1973.
VÁRIOS AUTORES, *Uma Igreja que nasce do povo*. Comunidades eclesiais de base, Petrópolis, Vozes, 1975.

Capítulo II

QUE FUTURO POSSUI A COMUNIDADE?

É interessante observar que o surgimento das CEBs no Brasil (conferir Marins, *Concilium* 104, 22-25; Guimarães, 17-21; Teixeira, toda a primeira parte) se deve à preocupação evangelizadora-comunitária explicitada por meio dos catequistas populares de Barra do Piraí (RJ) e do movimento de educação comunitária de base com a catequese radiofônica (Natal, RN) e às experiências de apostolado leigo, aos esforços de renovação paroquial, em um movimento de renovação nacional codificado nos planos nacionais de Pastoral de Conjunto (1962-1965).

Em 1956 Dom Agnelo Rossi iniciou o movimento de evangelização, com catequistas populares, para atingir regiões não alcançadas pelos párocos. Tudo começou com o depoimento de uma velhinha: "No Natal as três igrejas protestantes estavam iluminadas e concorridas. Ouvimos os seus cânticos... e nossa igreja católica, fechada, em trevas... porque não conseguimos padre." Uma pergunta pairou no ar: Se não há sacerdotes, deve parar tudo? Dom Agnelo, em Barra do Piraí, formou coordenadores de comunidades "que faziam tudo quanto um leigo pode fazer na Igreja de Deus, dentro da disciplina eclesiástica atual. No mínimo, o catequista reúne o povo uma vez por semana e lê a lição catequética. Normalmente ele faz as rezas diárias com eles. Reúne, aos domingos e dias santos, o povo que mora longe da Igreja, para o 'domingo sem missa' ou a 'missa sem padre', ou o 'culto católico', e faz o povo acompanhar espiritualmente e coletivamente a missa que o pároco está celebrando na matriz distante. Reza, com o povo, as orações da manhã ou da noite, as novenas, ladainhas, os meses de maio, junho etc." (*Revista Eclesiástica Brasileira*: *REB* 17 (1957), 731-737). Ao redor da catequese se formou uma comunidade com um responsável pela vida religiosa; em lugar de capela se construíram salões de reunião que serviam para escola, catequese e ensino de corte e costura, encontros para resolver os problemas comunitários – inclusive econômicos.

Para enfrentar os graves problemas humanos de analfabetismo, doenças endêmicas etc., criaram-se as escolas radiofônicas e o MEB (Movimento de Educação de Base), em Natal: a Arquidiocese promovia alfabetização e catequização pelo rádio. Aos domingos, a comunidade (sem padre) se reunia em torno do aparelho de rádio para responder à missa que o bispo celebrava e ouvir a sua palavra. Em 1963, já eram 1.410 escolas radiofônicas (*REB* 23 (1963), 781). O movimento logo se propagou por todo o Nordeste e Centro-Oeste.

O movimento por um Mundo Melhor criou uma atmosfera de renovação em todo o país. Uma equipe de quinze pessoas percorreu o Brasil durante cinco anos, dando 1.800 cursos e ativando todos os estratos da vida eclesial: sacerdotes, bispos, religiosos, leigos, movimentos. Dessa animação resultaram o Plano de Emergência da CNBB e o Primeiro Plano de Pastoral de Conjunto Nacional (1965-1970), em que se dizia: "Nossas paróquias atuais estão ou deveriam estar compostas de várias comunidades locais e comunidades de base, dadas sua extensão, densidade demográfica e porcentagem de batizados a elas pertencentes de direito. Será, pois, de grande importância empreender a renovação paroquial, pela criação ou dinamização dessas comunidades de base. A matriz será, pouco a pouco, uma dessas comunidades, e o pároco presidirá todas as que se encontram na porção do rebanho que lhe foi confiado" (Plano de Pastoral de Conjunto, 58).

A partir do Segundo Encontro dos Bispos Latino-Americanos em Medellín (1968), essa nova realidade eclesial ganhou foros de cidadania, e constitui hoje, indubitavelmente, no mundo inteiro, um dos grandes princípios de renovação da Igreja (conferir todo o número 104 da revista *Concilium* 4 [1975]; Exortação apostólica *Evangelii Nutiandi*, n. 58; Sínodo dos Bispos em 1974: *REB* 34 (1974), 945-946). O documento de Puebla, *A evangelização no presente e no futuro da América Latina* (1979), afirma que as CEBs são "a alegria e a esperança da Igreja... focos de evangelização e motores de libertação"(n. 96 e 629).

As CEBs significam a "construção de uma Igreja viva, mais do que a multiplicação de estruturas materiais" (Marins, *Concilium* 104, 24), participação mais vital e íntima dos membros, inseridos numa mesma realidade mais ou menos homogênea, vivendo a essência da mensagem cristã que é a universal paternidade de Deus, a fraternidade com todos os homens, o seguimento de Jesus Cristo morto e ressuscitado, a celebração da Ressurreição e da Eucaristia e a construção já iniciada, na história, do Reino de Deus, que é de libertação do homem todo e de todos os homens.

1. A comunidade: antes um espírito na Igreja que uma alternativa à Igreja-instituição

A vida cristã nas CEBs se caracteriza pela ausência de estruturas alienantes, pelas relações diretas, reciprocidade, profunda fraternidade, auxílio mútuo, comunhão de ideais evangélicos e igualdade entre os membros. Está ausente aquilo que caracteriza as sociedades: regulamentos rígidos, hierarquias, relacionamentos prescritos num quadro de distinções de funções e atribuições. O entusiasmo gerado pela vivência interpessoal do nós e a experiência de saborear a atmosfera plenificante do Evangelho levanta, com freqüência, um problema não desprovido de gravidade. Os pastores têm que estar atentos a ele para não cair em ilusões. Coloca-se o problema: as CEBs constituem uma alternativa a toda a Igreja; ou, com menos ousadia, se crê e se alimenta a expectativa de ver toda a Igreja transformada em comunidade. Que grau de verdade possui esta expectativa? Poderá, toda a Igreja, em sua globalidade, transformar-se numa comunidade autêntica?

Para elaborar uma resposta a isso, a teologia deve auscultar o que as ciências do social concluíram de sua meditação sobre o relacionamento entre o aspecto comunitário e societário da vida humana. Nesse ponto, atemo-nos ao estudo do sociólogo Pedro Demo, num trabalho muito competente sobre os "problemas sociológicos da comunidade" (*Comunidades: Igreja na base*, p. 67-110). A sociologia hodierna superou a contraposição tornada clássica por F. Toennis entre sociedade/comunidade, *Comunidade seria aquela formação social onde os homens se orientam por um sentimento de reciprocidade e pertença*; e *sociedade, onde vigoram anonimato e relacionamentos indiretos*. Não se nega o fato de que formações sociais vivem segundo relações baseadas no espírito comunitário: contato íntimo, direto, confiante, informal, recíproco, igual, alteridade máxima. Entretanto, na concreção histórica, toda formação social, além desses valores, não apaga os traços do conflito, do egoísmo, do individualismo, dos interesses, da urgência da ordem, da regra, do estabelecimento das metas e do emperramento no processo de alcançá-las.

A comunidade não constituiu uma formação típica de uma fase da humanidade ou possível de se realizar atualmente em estado puro. Concretamente existe sempre a estrutura de poder, seja de versão dominativa, seja de versão solidária; vigoram desigualdades e papéis estratificados de acordo com uma escala de valores; há conflitos, interesses particulares. Historicamente as formações sociais apresentam-se como entreveros com características societárias e comunitárias. Nesse sentido, não há realismo na luta por uma sociedade sem classes, totalmente fraterna, sem conflitos, mas somente na luta por um tipo de sociabilidade onde seja menos difícil o amor e onde haja melhor distribuição de poder e de participação. A comunidade deve ser entendida como um espírito a ser criado, uma inspiração que alimenta o esforço de continuamente superar as barreiras entre as pessoas e gerar um relacionamento solidário e recíproco.

Com acerto diz Pedro Demo: "Dentro da contraposição comunidade/sociedade, pode-se dizer que a comunidade é a utopia da sociedade" (110). Em outras palavras: a convivência humana sempre será cheia de tensões entre o aspecto organizatório, impessoal e outro pessoal, íntimo. Lutar para que predomine a dimensão comunitária implica lutar para que as estruturas e as ordenações não se substantivem, mas ajudem a humanizar o homem e a fazê-lo cada vez mais próximo do outro e dos valores evangélicos. O predomínio do comunitário sobre o societário apresenta-se mais fácil em pequenos grupos; daí a importância das CEBs como comunidades dentro da sociedade eclesial.

Para que se mantenha em seu vigor renovador, o espírito comunitário precisa sempre ser alimentado e impulsionado. Não basta os fiéis estarem juntos para executarem algumas tarefas. Isso os clubes e outras associações também podem realizar sem, contudo, serem considerados comunidades. O que constitui um agrupamento humano com características comunitárias é seu esforço de criar e manter a envolvência comunitária, como um ideal, um espírito a ser sempre recriado, vencendo o rotineiro e o ambiente institucionalizante e nivelador: "a realização relativa do espírito comunitário supõe, por isso, normalmente algum preparo, já que nem todos os membros da sociedade geral se dispõem ao desprendimento pessoal exigido para uma intimidade participada, para uma convivência mútua de doação recíproca, para a aceitação de colegas sem restrição egoísta" (Demo, 79). O cristianismo, com seus valores assentados sobre o amor, o perdão, a fraternidade, a renúncia ao poder opressor, a acolhida do outro etc., essencialmente se orienta na criação, dentro das estruturas societárias, do espírito comunitário.

Há, entretanto, que se advertir: a institucionalização é um fenômeno inevitável a todo grupo que visa permanecer e estabilizar-se. Com isso, surge a codificação das experiências bem-sucedidas, e por aí a comunidade pode ser ameaçada. Para conservar-se, o espírito comunitário precisa revitalizar-se continuamente; tal tarefa será facilitada se os grupos se mantiverem relativamente pequenos e não se deixarem absorver pela institucionalidade. Demo tira disso uma conclusão importante para nossa consideração: *Uma organização maior pode ser renovada pela comunidade, mas não pode ser transformada em uma comunidade* (93). E avança mais ainda: "É por isso vã a esperança de organizar uma Igreja toda através de uma rede comunitária. Isto significaria, na verdade, institucionalizar o aspecto desinstitucionalizante das comunidades. Não quer dizer que sua formação não possa ser organizada por equipes preparadas. Mas sua vivência interna parece revitalizar-se a cada dia, bebendo em suas próprias fontes. É disto, aliás, que retira seu poder de contestação e sua atração utópica" (92). Em outros termos: as CEBs, enquanto significarem a presença do comunitário do Cristianismo e dentro da Igreja, não podem pretender ser uma alternativa global à Igreja-instituição, mas seu permanente fermento renovador.

2. A coexistência permanente do institucional e do comunitário na Igreja

Ao dizermos que as CEBs não poderão pretender ser uma alternativa global à Igreja-instituição, não estamos menosprezando seu real valor renovador da tecedura eclesial. Tentamos situar seu significado da Igreja universal. Elas, sem dúvida, significam um aguilhão capaz de mobilizar os aspectos enrijecidos da instituição-Igreja e representam uma chamada para uma vivência mais intensa dos valores autenticamente comunitários da mensagem cristã. Podemos dizer que toda a pregação de Jesus consistiu em reforçar esses aspectos comunitários; num sentido horizontal, conclamando os homens ao respeito mútuo, à doação, à fraternidade, à simplicidade das relações; num sentido vertical, abrindo o homem à sinceridade da relação filial para com Deus, à singeleza da oração simples e do amor generoso para com o Pai. Não se preocupou muito com o aspecto institucional, senão com o espírito que deve ser vivido em todas as expressões do convívio humano.

A Igreja, em sua globalidade, é a coexistência concreta e vital da dimensão societária e institucional com a dimensão comunitária. Nela há uma organização que transcende as comunidades particulares, atendendo à comunhão de todas elas. Há uma autoridade, símbolo da unidade do mesmo amor e da mesma esperança; há um credo, expressão da mesma fé fundamental; há metas globais, comuns a todas as comunidades locais. As reflexões sociológicas ganham relevância para a teologia, por desfazerem ilusões e por manterem os termos instituição/carisma sobre bases realistas. Pode ocorrer uma infiltração de velhos erros históricos e eclesiológicos sob outros nomes, como a demasiada insistência na polarização dos termos Igreja da Tradição/Igreja do Evangelho, entre Igreja na base e Igreja na cúpula, entre eclesiogênese e eclesiologia. Pode haver uma verdadeira renovação dos quadros institucionais da Igreja, vindos dos impulsos das bases comunitárias, sem que a Igreja perca sua identidade ou se perverta em sua essência histórica. *A Igreja que nasce do Povo é a mesma Igreja que nasceu dos apóstolos.* O que muda nela é sua aparição sociológica no mundo, suas formas de expressão litúrgica, canônica, organizatória; não muda a coexistência permanente de um aspecto mais estático, institucional, permanente com o outro dinâmico, carismático, vital. Persistirá na Igreja sempre — e isso é fonte de sua vitalidade — a imorredoura vontade de impregnar de espírito comunitário o aspecto institucional e organizatório da Igreja.

O problema da Igreja não reside, na verdade, no contraposto instituição/comunidade. Haverá sempre a persistência de ambos os pólos. O real problema reside no modo como se vive tanto o comunitário quanto o institucional: se um quer absorver o outro, tolhê-lo e liquidá-lo, ou se ambos se respeitam e se abrem mutuamente num constante deixar-se questionar. Essa última atitude não deixará que o institucional assuma características enrijecedoras e venha a predominar, e também não permitirá que o comunitário degenere num puro utopismo, pretendendo que a Igreja global se transforme numa comunidade. O institucional não pode, na Igreja, predominar sobre o comunitário. Este deve guardar sempre a primazia; o outro vive em função dele. O comunitário, por sua vez, deverá encontrar sempre sua adequada expressão institucional.

Por isso em nosso livro *Igreja: carisma e poder* (1982) insistimos em que poder e carisma não se opõem, mas se compõem, convivem. Sustentamos a tese de que para manter o poder como serviço deve-se sempre estabelecer a relação entre ambos a partir do carisma; caso contrário o poder se agiganta e minimaliza ou até reprime o carisma.

Atualmente, com a dinâmica renovadora pós-conciliar e libertadora pós-Medellín, Puebla e Santo Domingo (os encontros de todo o episcopado latino-americano), despontam, nítidos, dois modelos eclesiológicos da Igreja única. Um orientado para a Igreja-grande-instituição, com todos os serviços organizados institucionalmente em função das necessidades da Igreja universal, das dioceses e paróquias — este modelo de Igreja possui seu centro sociológico e cultural, geralmente, nos setores opulentos da sociedade, goza de poder social e constitui o dialogador exclusivo com os poderes da sociedade. O outro se centra na rede de comunidades de base no meio dos setores populares e nas maiorias pobres, à margem do poder e dos meios de comunicação, vivendo mais profundamente as relações horizontais da fraternidade e da co-responsabilidade. A evolução dos últimos anos tem mostrado que nem a Igreja-grande-instituição existe para si e em si mesma — mas como apoio às comunidades de base, conferindo-lhes universalidade e permitindo-lhes uma ligação com o passado —, nem a rede de comunidades pode prescindir da Igreja-grande-instituição. Mais e mais a instituição descobre o seu sentido e responsabilidade no criar, apoiar e alimentar as comunidades. Evidentemente isso tem levado a debilitar o seu compromisso com os setores influentes da sociedade e do Estado em favor de mais pureza evangélica e de qualidade profética de sua atuação. As comunidades, por sua vez, compreendem mais e mais a necessidade da Igreja-grande-instituição para a sua continuidade, para a sua identidade católica e para a unidade.

A convergência desses dois modelos eclesiológicos e sua interação dialética contribuíram para que a Igreja como totalidade tomasse consciência profunda de sua ação missionária, especialmente entre os pobres deste mundo, de cuja paixão ela participa, assistindo-os. Para a Igreja-grande-instituição se faz cada dia mais ineludível a escolha entre as seguintes opções: ou continua a manter boas relações para com o Estado e as classes ricas que ele representa, ou toma a sério a rede de comunidades de base, com as exigências que elas implicam em termos de justiça e de transformação social. Na primeira opção a Igreja-grande-instituição tem garantida sua segurança pessoal e institucional e pode contar com apoio à sua ajuda assistencial, mas deve renunciar a evangelizar de modo eficaz as grandes maiorias pobres. A segunda escolha recuperará sua missão profética, representará os reclamos justos que nascem do coração da terra e vão até Deus, mas deve contar com a insegurança, a difamação oficial e a sorte dos discípulos de Jesus.

Que futuro possui a Comunidade de Base? É o que perguntávamos anteriormente. Cremos que é possível, a partir dos dados colhidos, responder: possui um futuro permanente desde que saiba entender-se no contraponto da instituição da Igreja. Não deverá querer o impossível utopístico de esgotar em si o conceito de comunidade, de tal modo que nenhum outro grupo ou formação possa existir, apresentando-se como a única forma de ser Igreja hoje. Ela, como veremos mais adiante, significa um manancial volumoso de renovação dos tecidos do corpo eclesial e uma exigência de evangelismo das instituições eclesiais rumo a uma aproximação maior do utópico comunitário, o qual jamais se perdeu na Igreja, embora tenha ficado presente, qual brasa sob a cinza. Agora de forma sem precedentes se renova o fermento transformador dos ideais evangélicos da fraternidade, da comunidade de irmãos, da vivência simples da mesma fé e do culto espontâneo do Cristo no meio dos homens, do serviço desinteressado e da preocupação para com as necessidades de cada membro. Nunca feneceu na Igreja a utopia do Reino que se antecipa na comunidade fiel por laços mais humanos, por uma fé mais viva e por relações mais fraternas. A Comunidade Eclesial de Base, se quiser manter o espírito comunitário, não deverá querer substituir a paróquia; deverá conservar-se pequena para evitar a burocratização e facilitar o "face a face" dos membros; deverá abrir-se à comunhão da Igreja global com suas instituições e formas societárias e, ao mesmo tempo, sustentar a tensão dialética com ela, para não se deixar absorver. Destarte ela não se deteriora, seja num grupo fanático futurista, seja num grupo retrógrado "velhista", mas permanece constante fermento para toda a Igreja.

REFERÊNCIAS BIBLIOGRÁFICAS

G. PAIEMENT, "Comunicação e conflitos na Comunidade de Base", *in Concilium* 104 (1975), p. 483-490.

J. COMBLIN, "O conceito de comunidade e a teologia", *in REB* (1970), p. 282-308; 568-589.

J. SCHERER, "Alguns paradoxos das comunidades contemporâneas. Uma visão sociológica", *in* A. GREGORY, *Comunidades Eclesiais de Base*, op. cit., p. 99-125.

L. LEÑERO, "A Igreja como comunidade e como instituição", *in* A. GREGORY, *Comunidades Eclesiais de Base: utopia ou realidade*, Petrópolis, Vozes, 1973, p. 33-46.

P. DEMO, "Problemas sociológicos da comunidade", *in Comunidades: Igreja na base* (Estudos da CNBB 3), São Paulo, Paulinas, 1975, p. 67-110.

_____, *Conflito social*, Petrópolis, Vozes, 1973.

W. C. DE ANDRADE (org.), *O código genético das CEBs*, São Leopoldo, Oikos, 2005.

Capítulo III

A COMUNIDADE ECLESIAL DE BASE É IGREJA, OU SÓ POSSUI ELEMENTOS ECLESIAIS?

Antes de abordarmos essa questão, convém esclarecer a característica fundamental dessa forma de comunidade. Existem muitas formas de comunidades; essa se denomina de *base*, quer dizer, composta das pessoas e dos estratos que se encontram mais embaixo na escala social (pobres, indígenas, negros, mulheres marginalizadas, desempregados) e constituem também o grupo majoritário da Igreja, que são os leigos, homens e mulheres que não pertencem à hierarquia da Igreja. Ela se denomina também *eclesial* – algo que tem relação com a Igreja, e por isso se distingue das demais formas de comunidade.

O *eclesial* aparece aqui como adjetivo qualificativo do substantivo *comunidade*. Entretanto, numa perspectiva eclesiológica fundamental, o adjetivo (eclesial) é mais importante do que o substantivo (comunidade), porque é ele o princípio constituinte e estruturante da comunidade. A comunidade *eclesial* se constitui como resposta à fé cristã e como resultado do apelo evangélico à conversão e à salvação. A inspiração religiosa e cristã aglutina o grupo e confere a todos os seus objetivos, também àqueles sociais e libertadores, características evangelizadoras. A comunidade eclesial se entende como presença de Igreja, como vivência comunitária do Evangelho e como organismo e organização de salvação/ libertação no mundo; não se entende, como qualquer outra comunidade, para cultivar alguns valores humanos, como o esporte, a arte, a música, o folclore, o consumo solidário e a defesa dos direitos humanos, entre outros. A consciência e a explicitação cristã constituem, portanto, a característica da comunidade e o elemento de discernimento ante outros tipos de comunidade. Essa consideração nos parece profundamente necessária e também inquestionável.

Não queremos, entretanto, ocultar uma outra problemática suscitada por alguns grupos. Pensam estes que toda comunidade autêntica, geradora de verdadeiro amor, doação e mútuo auxílio, pelo simples fato de ser o que é, já deve ser considerada eclesial. Ela realiza valores cristãos e concretiza a causa de Jesus Cristo na história: logo, apresenta-se como eclesial. Essa afirmação é correta, mas deverá ser explicada de modo diferente. É correta no seguinte sentido: a realidade teológica da Igreja (verdadeira fraternidade, superação do egoísmo, mútua doação) não se restringe aos seus limites visíveis. Existe, portanto, uma Igreja maior do que a "Igreja", embora não tenha consciência disso nem se oriente pelos quadros referenciais da consciência cristã explícita. Toda visão verdadeiramente teológica e contemplativa do mundo — visão histórico-salvífica — não deixará de reconhecer que a graça, a salvação e a atuação do Ressuscitado incidem sobre o mundo, e não apenas sobre a parte conscientemente cristã dele, que é a Igreja. Essa reflexão pertence à tradição da própria Igreja.

Entretanto, a Igreja se constitui como Igreja quando homens e mulheres se dão conta do apelo salvífico feito em Jesus Cristo e se reúnem em comunidade, professam a mesma fé, celebram a mesma libertação escatológica e tentam viver o seguimento de Jesus Cristo. Só poderemos falar *num sentido próprio* de Igreja quando emergir essa consciência eclesial. Daí a importância decisiva da motivação cristã. Estamos reunidos e perseguimos objetivos sociais e libertadores *porque re-agimos* ao apelo de Cristo e das outras comunidades que o transmitiram a nós ao nos antecederem na vivência da mesma fé comunitária. Por isso, só poderemos chamar de *eclesial* uma comunidade se ela apresentar essa explicitação religiosa e cristã. Caso contrário, será uma comunidade diferente, embora realize valores também perseguidos pela Igreja; para um cristão autêntico e contemplativo, ela realiza, ontologicamente, também a essência da Igreja; mas não basta a presença da realidade ôntico-eclesial. Faz-se mister, para ser discernida como Igreja, a consciência dessa realidade, a profissão de fé explícita em Jesus Cristo morto e ressuscitado. Esclarecido esse ponto, passemos a um outro muito importante. As CEBs podem ser consideradas verdadeiramente Igreja, ou apresentam apenas elementos eclesiais?

1. Há, em todos os níveis, divergência de opiniões

Esta questão está sujeita a muitas opiniões diferentes; nem por isso deixa de ser importante, seja para a própria eclesiologia, seja para os próprios membros das CEBs.

As opiniões variam consoante a posição que a pessoa ocupa na estrutura da Igreja e conforme os modelos de Igreja adotados como chave para interpretar a totalidade da realidade eclesial.

Assim, os que se situam no interior das próprias CEBs tendem, evidentemente, a considerar Igreja as várias comunidades; os que se orientam a partir das igrejas historicamente estabelecidas conferem somente à paróquia a base mínima a partir da qual se pode falar em Igreja; a hierarquia, como se mostrou no Concílio, definiu a Igreja particular atendendo à realidade diocesana com o bispo e a eucaristia. Vamos considerar as várias opiniões e seu peso teológico próprio.

Vejamos o que diz, primeiramente, a própria CEB. Existe uma pesquisa efetuada pelo CERIS (1971: "Dados preliminares sobre experiências de CEBs no Brasil", *in* A. Gregory, *Comunidades Eclesiais*

de Base: utopia ou realidade, p. 47-100, esp. 53s). Afonso Gregory, sociólogo da religião e, hoje, bispo, ao codificar as diversas respostas acerca do eclesiasticismo das várias experiências, encontrou as seguintes razões para considerar a CEB Igreja:
— "Sua base é a fé comum e os objetivos se relacionam com o aprofundamento e crescimento dessa fé e tudo o mais que isso implica";
— "Existe uma ligação direta com os quadros eclesiásticos: sentido de Igreja-povo", ou, conforme outro testemunho: "Eclesial por sentir a unidade com a paróquia, a diocese e a Igreja Universal";
— "Na área religiosa só participam os católicos, e em outras atividades (socioeconômicas) é ecumênica"; aqui se pode acrescentar o que disse outro informante: "Em se tratando de comunidade eclesial não se pode trabalhar quando os motivos religiosos são diferentes ou opostos";
— "As atividades estritamente religiosas são basilares e todas as outras são como conseqüência da aceitação da palavra de Deus"; em outra resposta se lê: "cristianismo é atuar o humanismo integral";
— "Estamos fazendo a base para a comunhão na fé através da humanização";
— "Alguns dizem são eclesiais em parte (eclesiais *iuxta modum*) porque, apesar da presença de padres ou religiosas, são ainda muito incipientes, ou porque suas atividades são orientadas consciente e primordialmente para a área social" (p. 64).

Como se depreende, em sua grande maioria os responsáveis pelas experiências sentem que estão em contato com a verdadeira Igreja, e não apenas com elementos eclesiais ou comunidades paraeclesiais. José Marins, um dos protagonistas de primeira hora em assuntos de CEBs, diz com acerto, traduzindo o que as próprias bases pensam:

> Para nós a CEB é a própria Igreja, sacramento universal de salvação, continuando a missão de Cristo profeta, sacerdote, pastor. Portanto, comunidade de fé, culto e amor. Sua missão

se explicita a nível [sic] universal, diocesano e local (de base)" ("Comunidades Eclesiais de Base na América Latina", *Concilium* 104, 20). Num outro lugar insiste ser a CEB verdadeira Igreja porque possui "as mesmas metas" da Igreja universal: "levar todos os homens à plena comunhão de vida com o Pai e entre eles, por Jesus Cristo, no dom do Espírito Santo, por meio da ação mediadora da Igreja" (Comunidade Eclesial de Base, Curso, Lima, 1972, 318).

Podemos dizer, sem trazer mais documentação bibliográfica, que a grande maioria dos pastores ativos em CEBs e dos teólogos que pensam diretamente sobre essas experiências, particularmente na América Latina, considera que as CEBs são presença verdadeira e autêntica da Igreja Católica.

Populações do interior de nossos países, perdidas na solidão do sertão, espalhadas pela imensidão de nossos espaços vazios, se reuniam outrora unicamente quando o sacerdote vinha até elas (uma vez ao ano, a cada seis meses); somente nesse curto momento sentiam-se Igreja viva, reunida pela Palavra, junto com o ministro ordenado, ao redor do mesmo altar, celebrando e oferecendo a mesma sagrada Vítima. Pelas CEBs começaram a se reunir semanalmente (muitos, duas vezes por semana; outros, todo dia) para celebrar a presença do Ressuscitado e de Seu Espírito, para ouvir e meditar sua Palavra e para comprometer-se num engajamento libertador, junto com os dirigentes que são princípio de unidade e de comunhão com outras comunidades de base e com a comunidade paroquial e diocesana. Vamos dizer a eles que não são Igreja? Que possuem apenas elementos eclesiais, mas não chegam a perfazer a essência da Igreja?

Perguntamos: Não são batizados? Não possuem a mesma fé? O mesmo amor? A mesma esperança? Não lêem as mesmas Escrituras? Não vivem a mesma praxe cristã? Não estão unidos plenamente ao Cristo e neles não está o Corpo de Cristo? Não se trata apenas de um problema sentimental. Confrontamo-nos objetivamente com um verdadeiro problema eclesiológico. Para elaborarmos uma nova eclesiologia, mais do que perspicácia teológica e erudição histórico-dogmática, precisamos nos confrontar com novas experiências de Igreja. Estamos, no Brasil e na América Latina, diante de uma nova concretização de Igreja, sem a presença dos ministros consagrados e sem a celebração eucarística. Não porque não se sente e não se sofre com a ausência deles, mas porque simplesmente não existem ministros em número suficiente. Esse condicionamento histórico não faz desaparecer a Igreja. Ela persiste no Povo de Deus, na medida em que ele se reúne, convocado pela Palavra e pelo Seguimento de Jesus Cristo. E algo novo desponta: uma Igreja de Cristo nova.

Por isso, mesmo aqueles teólogos que definem como Igreja somente a comunidade que apresentar os elementos essenciais constitutivos de Igreja, como a Palavra, o Sacramento, a presença do Bispo e a Comunhão com todas as demais Igrejas, e que por isso declaram não ser a CEB plenamente Igreja, acabam concluindo: "Do ponto de vista pastoral, esses grupos ou comunidades de base devem ser considerados autêntica realidade eclesial, carente sem dúvida de desenvolvimento, mas já integrada na única comunhão com o Pai em Cristo pelo Espírito Santo" (padre Alberto Antoniazzi, *Reflexões teológicas sobre as Comunidades Eclesiais de Base*, p. 130).

O problema teológico do caráter de Igreja das CEBs deve ser visto dentro do processo de recuperação da verdadeira dimensão eclesiológica, ainda em curso, das várias comunidades cristãs. Sabemos que a partir do predomínio do Papado, no século IX, acentuado pela ideologia absolutista da reforma gregoriana no século XI, devido às polêmicas em torno do conciliarismo, do galicanismo e do episcopalismo e em razão do desenvolvimento da eclesiologia ultramontana e de seu triunfo sob Pio IX, instaurou-se a organização unitária da Igreja, como se fosse uma única grande diocese mundial, com um único bispo verdadeiramente – o Papa –, com uma só liturgia, um só chefe visível, uma só corporação. "O resultado último desse desenvolvimento na teologia moderna foi um verdadeiro desconhecimento da qualidade eclesial das igrejas locais (dioceses): estas seriam 'sociedades imperfeitas' que carecem dos meios necessários para realizar seu fim, que é a salvação eterna do homem" (assim L. Billot, *De Ecclesia Christi*, Roma, 1927, 451; Ch. Journet, *L'église du Verbe incarné*, II, 485; veja a crítica: Congar, Y., "A Igreja", *Mysterium Salutis*, IV/3, 41 nota 83). O Vaticano II superou essa situação, reconhecendo como verdadeira Igreja a Igreja local ou particular. Entretanto, o Vaticano II não elaborou uma teologia completa da Igreja local. Ele representa um passo importante no processo de definição do que se deva entender por Igreja particular ou local, recuperando seu valor próprio.

O Vaticano II assim define a Igreja particular: "É a porção do Povo de Deus confiada a um Bispo (...), que aderindo a seu pastor e por ele congregada no Espírito Santo, mediante o Evangelho e a Eucaristia, constitui uma Igreja particular. Nela verdadeiramente reside e opera a Una, Santa, Católica e Apostólica Igreja de Cristo" (*Christus Dominus*, 11/1034). A Igreja particular, portanto, é definida em termos de diocese, em que está assegurada a unidade pela presença do Bispo e pela realização da Eucaristia. Entretanto, o poder de representar a Igreja universal não fica reservado somente à diocese, reunida na Eucaristia e em torno do Bispo. Segundo a *Lumen Gentium* (n. 26) "a Igreja de Cristo está presente em todas as agrupações legítimas de fiéis unidos a seus pastores": os fiéis "estão aí reunidos pela pregação do Evangelho e pelo mistério da Ceia do Senhor". Por menores e pobres que sejam, Cristo está presente nessas comunidades em "virtude das quais a Igreja se constitui uma Una, Santa, Católica e Apostólica". Seja como for, o eixo articulador da Igreja particular será sempre, para o Concílio, o Evangelho, a Eucaristia e a presença da sucessão apostólica na pessoa do Bispo (conferir B. Neunheuser, "Igreja universal e Igreja local", *in A Igreja do Vaticano II*, p. 650-674; E. Lanne, "L'Eglise locale et l'Eglise universelle", *in Irénikon*, 1970, p. 481s).

Medellín (1968), testemunhando já uma evolução da experiência eclesial no pós-concílio com o surgimento, por todo o continente, das CEBs, podia dizer:

> A comunidade cristã de base é o *primeiro e fundamental núcleo eclesial*, que deve, em seu próprio nível, responsabilizar-se pela riqueza e expansão da fé, como também pelo culto que é sua expressão. É ela, portanto, *célula inicial* de estruturação eclesial e foco de evangelização e atualmente fator primordial de promoção humana e desenvolvimento. Elemento capital para a existência de comunidades cristãs de base são seus líderes ou dirigentes. Estes podem ser sacerdotes, diáconos, religiosos, religiosas ou leigos (*Pastoral de Conjunto*, n. 10-11).

Aqui já se renuncia à enumeração de elementos superiores como Bispo e Eucaristia. Não se pensa a Igreja a partir de cima, mas a partir de baixo, isto é, da base. A "família de Deus" (Igreja) se concretiza já "por meio de um núcleo, mesmo pequeno, que constitua uma comunidade de fé, esperança e caridade" (*Pastoral de Conjunto*, n. 10). É um passo além na compreensão da dimensão de Igreja das CEBs.

Essa nova reflexão sobre os fatos eclesiais ocorridos nas bases da Igreja não deixou de repercutir no último Sínodo dos Bispos (1974). O grupo B de língua francesa (compreendendo os patriarcas das Igrejas orientais, bispos das Igrejas tradicionais da Europa e das Igrejas jovens da Ásia e da África), por meio dos relatores R.P. Lecuyer e Dom Matagrin, propôs uma definição mais ampla de Igreja local:

> Parece melhor, por razões pastorais, não limitar a expressão "Igreja particular" a uma diocese (conferir *Lumen Gentium*, n. 23 e 27), mas antes designar assim toda Igreja que exerça o serviço do Evangelho numa comunidade humana particular, em comunhão com todas as Igrejas particulares que constituem a

Igreja universal (conferir "La notion d'Eglise particulière", *in Synodus Episcoporum-comitato per l'informazione*, comunicados 11 e 16, Roma, outubro, 1974, ou *in Documentation Catholique*, n. 1667, janeiro, 1975).

Ora, esse alargamento atende exatamente ao nosso problema de reconhecer caráter de verdadeira Igreja às CEBs.

Queremos agora oferecer uma reflexão eclesiológica fundamental, no intento de compreender, mais adequadamente, o caráter eclesial das CEBs. Fazemo-lo por meio da utilização de uma categoria-chave da eclesiologia do Vaticano II – a da Igreja sacramento universal de salvação –, articulando-a à luz da problemática Igreja particular/Igreja universal.

2. Aprofundamento: pistas para uma compreensão mais ampla do eclesiasticismo das CEBs

Não pretendemos entrar na discussão terminológica Igreja local/Igreja particular ou Igreja católica/Igreja universal. O cardeal Baggio quereria reservar a expressão Igreja particular para as dioceses e Igreja local às comunidades infradiocesanas (paróquias, CEBs e comunidades religiosas, *De accuatiore usus verbi Ecclesiae "particularis" et "localis" pro manuscrito*, Roma, 1974). Já H. de Lubac dá às palavras um sentido diferente daquele do cardeal Baggio; para ele, Igreja local se rege por critérios de ordem sociocultural (conferir *Ad Gentes*, 22,2) e engloba várias Igrejas particulares insertadas em um mesmo espaço geográfico, social e cultural. Igreja particular seria a diocese; como diz a *Lumen Gentium*, "a comunidade do altar sob o sagrado ministério do Bispo" (*communitas altaris sun episcopi sacro ministerio*). Ela está, portanto, determinada por um critério essencialmente teológico (*Las Iglesias particulares en la Iglesia universal*, Salamanca, 1974, 45-48). Algo semelhante ocorreria com as expressões Igreja universal/Igreja católica. A primeira expressão (Igreja universal) atenderia mais a um aspecto de extensão quantitativa e geográfica (*Ecclesia per totum orbem terrarum diffusa*), enquanto a segunda (Igreja católica) sugere mais a idéia de uma realidade não dispersa, orientada para um centro que assegura sua unidade, seja qual for sua extensão no espaço ou sua diferenciação interna. Católica é uma qualidade de toda Igreja particular enquanto está em comunhão com Deus e com Cristo e mantém laços de reciprocidade com as demais Igrejas (conferir H. de Lubac, *op. cit.*, p. 31-43). O Vaticano II emprega estes epítetos indiferentemente um pelo outro. O importante não são as palavras, mas a reta compreensão teológica delas. Por isso, deixamos aberta essa questão terminológica.

2.1. Como entender o universal e o particular?

Atrás dessa formulação se esconde um grave problema hermenêutico. O problema do universal e do particular não é propriamente uma questão eclesiológica, mas uma questão fundamental a todo pensar, articulada já desde os primórdios do pensamento grego até os dias de hoje: como entender o uno e o múltiplo? Sobre esta questão não se reflete, ao que parece, suficientemente dentro da eclesiologia; substitui-se a reflexão pela citação de textos e constatação de fatos. Um fato que se constata é, por exemplo, o de que o Novo Testamento apresenta dois tipos de afirmações:

— Primeiramente, a Igreja é una: assim como há um só Pai, um só Senhor, um só Espírito, um só pão, um só batismo, uma só fé, assim há uma só Igreja (conferir Ef 4,4-6). Essa Igreja é universal e agrupa todos os fiéis, qualquer que seja sua origem, raça, nação, ou cultura.

— Depois, a Igreja é múltipla: é formada por uma multiplicidade de comunidades diferenciadas segundo a cidade, a província e por condicionamentos locais e singularidades socioculturais (1Ts 2,14; 1Cor 1,19; 2Cor 8,1; At 15,41; 16,5; 18,22).

Como pensar a relação entre a Igreja una e a Igreja múltipla? Ou, antes: que é Igreja una (universal) e que é Igreja particular (múltipla)? A Igreja una e universal, para Paulo, por exemplo, consiste no mistério de salvação de Deus Pai, realizado pelo Filho na força do Espírito Santo agindo na história e atingindo todos os homens. Esse mistério é um e único porque Deus é um e único; é universal porque concerne a cada um e a todos os homens (*ecclesia catholica que una este*: São Cipriano, *Epist.* 65, c. 4). A universalidade da Igreja reside na universalidade do oferecimento salvífico de Deus. O mistério salvífico universal se manifesta no espaço e no tempo e, ao revelar-se, assume as particularidades de épocas e lugares. Assim surge a Igreja particular. Esta é a Igreja universal, manifestada, concretizada, historizada: "é a Igreja universal acontecida" (J. B. Libânio, *Elaboração do conceito de Igreja particular*, p. 37). Como refletia com propriedade o padre H. Vaz:

> A Igreja universal não é um todo, de que as Igrejas particulares sejam partes: extrinsecismo quantitativo; A Igreja universal não existe a modo de uma substância de que as Igrejas particulares sejam como acidentes: extrinsecismo substancialista;
> A Igreja universal não existe como todo *potencial* (potestativo) – de que as Igrejas particulares seriam atualizações "aqui e agora": extrinsecismo qualitativo... A Igreja universal está toda nas Igrejas particulares e tem nelas sua realidade fenomenal ou reflexa. Tudo o que se atribui à Igreja universal, se atribui à Igreja particular... Existe a Igreja universal que se diferencia intrinsecamente ou se manifesta na particularidade das Igrejas locais (mesmo a Igreja de Roma é uma Igreja particular). (*Fundamentos filosófico-histórico-antropológicos da noção de Igreja particular*, p. 168).

A catolicidade, portanto, não é um conceito geográfico: uma Igreja presente em todas as partes do mundo; não é também um conceito estatístico: a Igreja quantitativamente mais numerosa; não é ainda um conceito sociológico: uma Igreja inserida em cada cultura; não é igualmente um conceito histórico: uma Igreja que conserva sua identidade ao largo dos séculos. Para ser católica precisa conservar sua identidade verdadeira (e não qualquer identidade) sempre e em toda a parte (conferir H. King, *A Igreja*, vol. 2, p. 66-67). E essa identidade reside na unicidade de sua fé em Deus Pai que enviou o seu Filho para, na força do Espírito Santo, salvar todos os homens, fé essa mediatizada pela Igreja, sacramento universal de salvação.

A Igreja universal possui, portanto, o caráter de mistério, de transcendência divina, de universalidade; ela é, como diziam os padres, a "prima novíssima", "ab arternitate". Ela não existe como as coisas e as Igrejas particulares existem: limitadas a um espaço e a um tempo e na singularidade das manifestações. Ela existe na forma do mistério que é o modo de existência de Deus: para além de todos os limites e determinações. Por isso dizia L. Bouyer: "A Igreja una e universal não tem existência concreta, falando com propriedade, senão nas Igrejas locais" (*L'Eglise de Dieu*, Paris, 1970, p. 488).

Para recalcar bem a idéia: *o que a Igreja particular não é?*

— Não é parte de um todo supostamente existente em si mesmo e de forma física, a Igreja universal. Esta não se confunde com Roma. Roma é um local e aí há uma Igreja local, embora possa ser a Igreja encarregada de ser sinal da unidade da Igreja universal presente em todas as Igrejas particulares. Se ela fosse parte de um todo implicaria uma atomização do espaço eclesial. A Igreja universal apareceria como soma de partes. Seria um resultado posterior, ao passo que a Igreja universal é sempre a "prima novíssima", o princípio estruturante e originador de tudo.

— Não é uma agência local de um corpo administrativo mais amplo. O NT nunca fala da Igreja particular como uma parte de um todo. As imagens de corpo e membros ou da cabeça e dos membros representam a relação entre Cristo e a Igreja, e não as relações entre Igreja universal e Igreja local. Não é uma parte de um todo, mas uma porção (*portio*, em vez de *pars*: *Christus Dominus*, 11) para um todo (conferir H. M. Legrand, "Le ministère épiscopal: au service de l'Eglise locale et au service de l'Eglise universelle", in *Documents-Episcopat*, Paris, n. 1, jan., 1975, toda a segunda parte sobre "La nature de l'Eglise locale").

– Não é formada pelos elementos que não são comuns às várias Igrejas particulares e que, por isso mesmo, são particulares. O comum, entretanto, não é ainda o universal, porque o comum é um particular que se encontra em várias Igrejas particulares. O universal da Igreja é aquilo (vontade salvífica) que na diferença e dentro da diferença particular se mantém idêntico.

– Não é um elemento ou uma entidade de uma confederação. Na confederação cada um se constitui em separado e só posteriormente entra em relação e se une, sendo, portanto, a Igreja universal resultado e conseqüência.

Reassumindo os elementos anteriores: *o que a Igreja particular é?*

– É a Igreja universal (vontade salvífica de Deus em Cristo pelo Espírito) em sua aparição fenomenal ou sacramental.

– É a Igreja universal se visibilizando dentro dos quadros de um tempo e de um lugar, de um meio e de uma cultura.

– É a Igreja universal que se concretiza e, ao concretizar-se, se encarna, e, ao encarnar-se, assume os limites do lugar, do tempo, da cultura, dos homens.

– A Igreja particular é o todo do mistério da salvação em Cristo (Igreja universal) na história, mas não é a totalidade da história do mistério da salvação em Cristo, porque cada uma é em si mesma limitada e particular. Por isso, cada Igreja particular deve estar aberta às outras que também dentro de sua maneira própria concretizam e manifestam o mesmo mistério salvífico universal, vale dizer, a Igreja universal.

– A Igreja particular é a Igreja toda, mas não toda a Igreja. É a *Igreja toda*, porque em cada Igreja particular está totalmente o mistério de salvação; mas *não é toda a Igreja*, porque nenhuma Igreja particular esgota sozinha toda a riqueza do mistério de salvação. Ele pode e deve se exprimir em outras Igrejas particulares e sob formas diferentes e próprias. A identificação da Igreja universal com uma Igreja particular (com a Igreja de Roma) é um momento e uma concretização da história da própria Igreja universal que assim se revela e se historiza no império do igual e do homogêneo (uma língua, uma liturgia, um só código de direito canônico, uma maneira única de se fazer teologia), logrando a universalização de um particular (aquele da Igreja local de Roma). A Igreja particular de Roma, historicamente, se impôs universalmente a todas as demais Igrejas particulares. Mas nem por isso deixa de ser uma Igreja particular. O universal não é a unificação e a homogeneização. O universal é a abertura para todos os lados e especialmente para o mistério salvífico que se manifesta em cada Igreja particular. Sem essa abertura e *koinonia* a Igreja particular deixa de ser Igreja, porque deixa de ser universal.

2.2. Qual é a realidade mínima formadora da Igreja particular?

Vimos que a Igreja universal (mistério de salvação), a *ecclesia deorsum*, possui a primazia porque é ela que existe nas Igrejas particulares. Como ela surge concretamente no meio dos homens? A Igreja particular não é só dom do alto (universal) — é também esforço humano (particular). É oferecimento salvífico de Deus e simultaneamente aceitação humilde do homem. A fé é o ato por meio do qual o homem se abre para Deus e acolhe em sua vida a salvação, o perdão e a inabitação de Deus Trino. A fé, no sentido, é anterior à Igreja particular, concreta e institucionalizada (conferir Y. Congar, *Os grupos informais na Igreja*, p. 142). Ela constitui o princípio iniciador e estruturador da Igreja particular. Esta, num sentido fundamental, se define como *communitas fidelium*, comunidade dos que crêem, assembléia que se reúne por causa da fé. *A fé, portanto, constitui a realidade mínima constituidora da Igreja particular.*

A fé se apresenta essencialmente como comunhão, sendo, por isso, a Igreja particular também essencialmente comunhão. Crendo em Jesus Cristo salvador, se estabelece comunidade com Ele que está sentado à direita do Pai e continua atuando na força de Seu Espírito. A fé concreta se dá na mediação daquelas instâncias que apresentam Jesus ao mundo e conservam sua memória viva ao largo da história; a fé estabelece comunhão com as Igrejas particulares que vivem a mensagem de Jesus na fidelidade da sucessão apostólica. Portanto, a fé estabelece uma comunhão vertical com Deus e Jesus Cristo ressuscitado que se desdobra numa comunhão horizontal com os irmãos na mesma fé. Na fé cristã em Jesus Cristo salvador, cuja salvação começa a se realizar já agora dentro da vida presente, está, em gérmen, a totalidade do mistério cristão. Não há muitos mistérios no cristianismo, mas, fundamentalmente, um só grande e único mistério de Deus Trino que se autocomunicou aos homens de forma definitiva e escatológica em Jesus Cristo e continua a se autocomunicar pela presença do Espírito Santo. Os mistérios (no plural) são especificações desse *mysterium simplicitatis*, para usar uma expressão do mártir Speratus ao cônsul Saturnino (conferir K. Rahner, "Über den Begriff des Geheimnisses in der Katholischen Theologie", in *Schriften* IV, p. 51-59).

Essas reflexões têm como conseqüência que devemos admitir que o *fiel, por causa de sua fé-comunidade, é já presença da Igreja universal.* É verdade que ele exprime pouco a Igreja universal, mas realmente a exprime. Esta expressão se torna mais perceptível quando os fiéis se reúnem na fé, celebram a salvação e se dispõem ao serviço da salvação. Maior ainda será a expressão visível quando já possuem em seu seio um chefe, símbolo da unidade entre si e com outras comunidades e podem celebrar sacramentalmente a presença eucarística do Senhor. Enfim, a expressão sacramental (visível) pode aumentar mais e mais em comunidades maiores, pois possibilitam explicitar toda a riqueza contida no mistério da salvação, seja no nível social, seja no litúrgico, no teológico, no canônico etc. Todas estas expressões, por mais diferentes que sejam, concretizam a seu modo o mesmo e único mistério, a mesma e única Igreja universal.

São Paulo emprega a mesma expressão *Igreja* para as várias formas de visibilização: no nível da *família* (a Igreja que se reúne na casa de Prisca e Áquila: Rm 16,3.5; Cl 4,15; Fm 2; 1Cor 16,19), no nível da *cidade* (a Igreja que está em Corinto: 1Cor 1,2; 2Cor 1,1; conferir Ap 2,8; 3,7: a Igreja que está em Esmirna, em Filadélfia), no nível de uma *província* (a Igreja que está em Galácia: 1Cor 14,34; em Macedônia: 2Cor 8,1; na Ásia: 1Cor 16,19) ou no nível da Igreja difusa nas *várias regiões* do Império (Rm 16,23; 16,16; Cl 1,24). As formas de visibilidade se explicitam mais e mais, e todas são chamadas igualmente de Igreja. Em outros termos: a Igreja universal, a Igreja de Deus vivo (1Tm 3,15), que é o Corpo de Cristo (Ef 1,22), sendo Ele sua Cabeça (Cl 1,18) se manifesta, emerge fenomenologicamente e se realiza concretamente nas várias Igrejas particulares em que os fiéis se reúnem para expressar sua fé, celebrar a presença do Espírito e comungar com os irmãos. Como nenhuma esgota toda a riqueza do mistério salvífico, cada uma deve estar aberta à outra e, todas, à Igreja da glória, na qual somente então a Igreja chegará à sua plenitude. Nenhuma Igreja particular (diocesana, romana ou qualquer outra célebre por sua tradição apostólica, por sua liturgia e por seus santos e mestres) pode-se fechar em si mesma ou impor-se às demais e fazer aceitar as suas particularidades. Ela não só deve estar aberta às Igrejas irmãs, mas também aberta à Igreja escatológica. Ela está a caminho, é ainda imperfeita, santa e encurvada por seus pecados, e será ainda completada quando o Senhor vier definitivamente.

Admitindo que essas reflexões sejam coerentes e conclusivas, então poderemos dizer: as CEBs são, com correção teológica, verdadeira Igreja universal concretizada nesse nível de pequenos grupos. Ela é, como foi descrita no Seminário sobre CEB, em Maringá (1-3 de maio de 1972), "um grupo ou conjunto de grupos, de pessoas, onde existe um relacionamento primário fraterno e pessoal e que vive a totalidade da vida da Igreja, expressa no serviço, na celebração e na evangelização" (conferir A. Gregory, "Dados preliminares sobre experiências de CEB no Brasil", anexo 2, *op. cit.*, 85).

2.3. O sacramento: a unidade entre o universal e o particular

Como expressar numa palavra a unidade da Igreja universal com as Igrejas particulares? Como pensar o uno e o múltiplo? A tradição encontrou para isso uma categoria que foi oficializada pelo Vaticano II e difundida pela teologia: a da Igreja como sacramento universal de unidade e de salvação. Sacramento é a tradução latina do *mysterion*, grego. Mistério ou sacramento aplicado à Igreja, esclarece oficialmente o Concílio, "não indica simplesmente algo abstruso, mas, como é reconhecido hoje por muitos, designa a realidade divina transcendente e salvífica que de uma maneira própria se revela e se manifesta de modo visível. Por isso o vocábulo apresenta-se como muito bíblico e bem apto para designar a Igreja" ("Schema Constitutionis de Ecclesia", *TPV*, 1964, p. 18). A declaração explicativa do Concílio avança ainda mais e assegura: "O mistério da Igreja está presente e se manifesta na sociedade. A comunidade visível e o elemento espiritual não são duas coisas (*res*), mas uma realidade complexa, abarcando o divino e o humano, os meios da salvação e os frutos da salvação... Esta Igreja empírica revela o mistérios" (*Id.*, p. 23). Portanto, o sacramento-mistério expressa exatamente a unidade da Igreja universal com as Igrejas particulares; é sempre a Igreja universal (mistério de salvação, desígnio salvífico de Deus) que se manifesta nas diferenças da história dos homens. A graça e a salvação sempre se expressam de uma forma sacramental; não caem como um raio do céu, mas encontram seu caminho para o coração dos homens através de toda sorte de mediações. As mediações podem mudar, mas não a graça e a fé (*mutata sunt sacramenta, sed non fides*, diz muitas vezes Santo Agostinho). Quando o Concílio fala de Igreja como sacramento universal de salvação, pensa em termos histórico-salvíficos: a realidade íntima da Igreja visível e histórica (as Igrejas particulares) alcança para além delas (o mistério, a Igreja universal) e atinge todos os homens de forma visível desde o justo Abel até o último eleito (*Lumen Gentium* 2). Essa visibilidade varia e pode ter as mais diversas densidades. Ela começa no ateu de boa vontade que busca o bem e a verdade (*Lumen Gentium* 16), ganha mais visibilidade nos não-evangelizados que vivem em suas religiões; densifica-se mais nos judeus e em todos os que vivem sob o monoteísmo; ganha nome nos cristãos batizados, embora não vivam no interior da Igreja Católica romana; aparece com toda a riqueza sacramental e visível na Igreja apostólica romana, e se plenifica na Igreja da glória. Toda essa realidade perfaz o sacramento universal de salvação. A Igreja, portanto, não é uma realidade compacta, mas complexa, como diz o Concílio (*Lumen Gentium* 8). Conservando sua unidade (presença de salvação), os elementos visíveis podem variar, sem com isso se destruir a comunhão (para toda essa problemática, conferir: L. Boff, *Die Kirche als Sakrament im Horizont der Welterfahrung*, Paderborn, 1972, p. 275-295; 399-413).

Se a Igreja-sacramento conhece vários tipos de concretizações, também para além dos limites da Igreja Católica romana, com muito mais razão no interior dela mesma. Destarte podemos dizer que a CEB se constitui em verdadeira Igreja-sacramento: historiza, torna sinal e instrumento da salvação a Igreja universal no lugar e na situação cultural em que se enraíza. Ela representa um tipo próprio de sacramentalidade (de visibilidade); mas nesta visibilidade concreta, aberta a se desenvolver e mostrar muito mais do que mostra do mistério nela escondido, está toda a Igreja universal.

A Igreja-sacramento é um mistério de comunhão: de Deus para com os homens, e vice-versa — e dos homens entre si. Porque se há comunhão com Deus, há comunhão com os outros (conferir 1Jo 1,3.6-7). Essa comunhão pode se expressar por mais ou menos símbolos, pode ter formas diferentes de visibilidade, mas deve estar presente nas Igrejas; sem ela, não seriam Igrejas. *Por isso a comunhão é uma realidade indivisível: tem-se ou não se tem comunhão.* A comunhão entre todas as Igrejas se expressa por símbolos que traduzem e fortalecem essa união. Os chefes das Igrejas locais, além de princípio de unidade interna, constituem princípio de unidade com as demais Igrejas irmãs: o chefe da Comunidade de Base, o pároco para a paróquia, o bispo para a diocese, o papa para com toda a Igreja; o mesmo credo, as mesmas estruturas básicas de liturgia, de ordenação jurídica, de compreensão teológica formam as instâncias de expressão da unidade de todas as Igrejas. Essas instâncias não constituem a Igreja universal. Esta somente existe nas Igrejas locais que por elas articulam sua comunhão entre si e com Deus Trino (conferir as várias expressões de comunhão entre as Igrejas elaboradas pela Tradição como as *litterae communicatoriae*, o *fermentum*, a concelebração para a sagração de um novo bispo: Y. Congar, "Igreja", in *Mysterium Salutis* IV/3, p. 45-49).

Em Pentecostes, o Espírito desceu sobre todos os presentes e fez com que cada um escutasse a mesma mensagem na diversidade de suas línguas. Não fez com que todos falassem a mesma língua, mas com que todos ouvissem a mesma mensagem (conferir *Ad Gentes* 4). Isso é uma prefiguração da *Una Catholica*, da unidade e da catolicidade da Igreja: a mesma e única Igreja universal se concretizando em múltiplas Igrejas particulares. O destino da Igreja no mundo é crescer até poder falar todas as línguas que existem debaixo do céu, expressando a mesma experiência de salvação de Deus Pai por seu Filho Jesus Cristo na virtude do Espírito Santo. A seu modo próprio, as CEBs encarnam essa experiência de salvação. Por isso são, em verdade, autêntica Igreja universal realizada na base.

REFERÊNCIAS BIBLIOGRÁFICAS

A. ANTONIAZZI, "Reflexões teológicas sobre as Comunidades Eclesiais de Base", in Comunidades: Igreja na base (Estudos da CNBB 3), São Paulo, Paulinas, 1975, p. 111-157.

B. NEUNHEUSER, "Igreja universal e Igreja local", in Igreja do Vaticano II, dir. G. BARAÚNA, Petrópolis, Vozes, 1965, p. 650-674.

H. DE LUBAC, Las Iglesias particulares en la Iglesia universal, Salamanca, Sigueme, 1974.

H. DENIS, "As comunidades de base serão a Igreja? Pontos de referências teológicos", in Comunidades de Base, Lisboa, Moraes, 1973, p. 131-166.

J. CALDENTEY, "Significado das comunidades cristãs de base para a Igreja", in Concilium 104 (1975), p. 466-473.

K. LEHMANN, "O que é uma comunidade cristã? Estruturas teológicas fundamentais", in Atualização 1973, p. 42-43; 831-848.

L. BOFF, "As eclesiologias presentes nas Comunidades Eclesiais de Base", in Uma Igreja que nasce do povo, Petrópolis, Vozes, 1975, p. 201-210.

R. M. ROXO, Igreja particular (Esboço de uma teologia), CNBB, Assembléia Geral XII, São Paulo, 1973, pro manuscrito.

VÁRIOS AUTORES, Igreja particular (VI Semana de reflexão teológica), São Paulo, Loyola, 1974.

Y. CONGAR, "Os grupos informais na Igreja", in A. GREGORY, Comunidades Eclesiais de Base, op. cit., p. 127-154.

Capítulo IV

AS COMUNIDADES ECLESIAIS DE BASE E A REINVENÇÃO DA IGREJA

O surgimento das CEBs e a praxe que nelas vigora possuem um valor inegável de questionamento da forma vigente de ser-Igreja. Elas nascem de elementos mínimos, como a fé, a leitura e meditação da Palavra, o mútuo auxílio em todas as dimensões humanas. Como consideramos, são verdadeira Igreja. Nelas aparecem muitas funções, verdadeiros novos ministérios: de coordenar a comunidade, de catequizar, de organizar a liturgia, de cuidar dos doentes, de alfabetizar, de olhar pelos pobres etc. Isso tudo é feito de acordo com profundo espírito fraterno, num sentido de co-responsabilidade e de consciência de estar construindo e vivendo a Igreja. O termo que melhor expressa essa experiência é o usado freqüentemente nesse contexto: *reinvenção da Igreja*. A Igreja começa a nascer das bases, do coração do Povo de Deus. Essa experiência questiona o modo comum de entender a Igreja. Permite descobrir a verdadeira fonte que permanentemente faz nascer e cria a Igreja: o Espírito Santo.

Pode-se pensar a Igreja a partir de muitos pontos de vista. Na verdade, existem tantas eclesiologias quantas estruturas eclesiais fundamentais. Há os que elaboram a compreensão de Igreja a partir da estrutura presbiteral-episcopal-papal; o resultado é menos uma eclesiologia do que uma "hierarquilogia". Há os que a pensam a partir da estrutura Palavra-Sacramento, o que resultará numa Igreja eminentemente profético-cúltica. Há os que a articulam a partir da figura Povo-de-Deus-em-marcha, e daí surge uma visão eminentemente histórico-salvífica... e assim por diante. Todas essas eclesiologias têm seu sentido, mas cada qual é limitada em si mesma e tem que estar aberta a outras formas de totalização teórica do mistério da Igreja. Caso contrário, se impõe uma ideologização opressora de categorias contra outras, com danos para a comunidade de fé.

As CEBs vêm ajudar toda a Igreja a superar um limite interno que se havia imposto durante séculos, impedindo de ver a riqueza mais abundante do mistério da Igreja. A Igreja, no Ocidente latino, foi pensada no eixo Cristo-Igreja segundo uma visão jurídica. As relações Cristo-Igreja foram articuladas sobre o modelo das relações que uma sociedade tem com seu fundador. Cristo transmite todo o poder aos *Doze*. E estes, aos seus sucessores — os bispos — e ao Papa. Eles foram considerados os únicos depositários de todas as responsabilidades, acumulando para si todos os poderes na Igreja, de tal forma que eles estavam sempre num "frente a frente" com a comunidade, dividida entre governantes e governados, celebrantes e assistentes, produtores e consumidores de sacramentos. Numa tal sistematização, a jerarquia constitui a única representante da Igreja universal e da Igreja particular. Essa imagem recalcou aquela outra da Igreja como comunidade de fé (*communitas fidelium*), toda ela co-responsável por todas as coisas da Igreja. Ademais, parte-se dos pastores que estão à procura de um rebanho. Inverteu-se a relação natural: primeiramente existe o rebanho, e, em função dele, existe o pastor. *A função jerárquica na Igreja é essencial; mas não subsiste em si mesma e para si mesma.* Ela deve ser entendida — essa é a compreensão simples e natural das coisas — no interior da comunidade de fé e a seu serviço, seja representando todas as demais Igrejas ante sua Igreja particular (a dimensão verdadeira de frente a frente à comunidade que existe em todo chefe), seja como princípio de unidade no interior da Igreja local, da qual ele é integrante. Além disso, essa compreensão da Igreja calcada sobre certa cristologia considera o Cristo somente em sua existência sárquica (carnal); não considera o Cristo ressuscitado com as transformações que se operaram n'Ele pela ressurreição: ubiqüidade cósmica, natureza pneumática de seu corpo (conferir 1Cor 15,44) etc. Essa consideração tornaria mais flexível a instituição da Igreja e reintroduziria junto ao elemento cristológico o elemento pneumático. *A Igreja não nasceu somente do lado aberto de Cristo, mas também do Espírito Santo no dia de Pentecostes.* A unidade entre os dois elementos se encontra no próprio Jesus Cristo morto e ressuscitado, como a máxima presença do Espírito Santo no mundo, de tal forma que podemos dizer: o Jesus segundo a carne constituiu a maior presença do Espírito Santo no mundo, e o Espírito Santo na Igreja já é a presença histórica do Cristo ressuscitado (conferir L. Boff, "A Igreja, sacramento do Espírito Santo", in *O Espírito Santo*, Petrópolis, 1973, p. 108-125).

As CEBs ajudam a Igreja toda a se considerar a partir da realidade mais fundamental, sem a qual não existe Igreja: a fé na presença ativa do Ressuscitado e do seu Espírito no seio de toda a comunidade humana, fazendo com que ela viva os valores essenciais sem os quais não há humanidade, com que se abra para o Absoluto sem o qual não há dignidade nem salvação. Essa ação divina se densifica na Igreja, mas não exclui nenhum dos homens. Essa visão contemplativa modifica a maneira de ser-Igreja. O clérigo vai para o meio do povo como quem vai se encontrar com alguém já ativado pela ação do Espírito que, previamente, à chegada da Igreja instituída, já estava formando uma Igreja anônima com sua graça, seu perdão. Daí não se tratar dedutivamente de *transplantar* Igreja, senão de indutivamente *implantar* Igreja. Como dizia o presidente da Conferência episcopal da Indonésia no último Sínodo de 1974, cardeal Darmojuwono: "Implantar a Igreja é entrar em diálogo com a cultura e as religiões do país. Este diálogo tem por objeto fazer cada vez mais explícita e consciente a presença do

Espírito de Deus que transforma e penetra a vida dos homens" (*De Ecclesia particulari eiusque fidei testimonio, pro manuscrito*, Roma, outubro, 1974, resumo *in Prospective*, Bruxelas, 1975: "Eglise" 504/1975). A Igreja que se implanta explicita, purifica e prolonga a Igreja latente já preexistente. As CEBs nascem desse Espírito que se manifesta, se organiza no meio do Povo de Deus. Reconhecer essa presença do Ressuscitado e do Espírito no coração dos homens leva a conceber a Igreja mais a partir da base do que a partir das cúpulas; é aceitar a co-responsabilidade de todos na edificação da Igreja, e não apenas de alguns da instituição clerical.

Se quiséssemos representar, graficamente, as duas concepções de Igreja, o resultado seria o seguinte esquema:

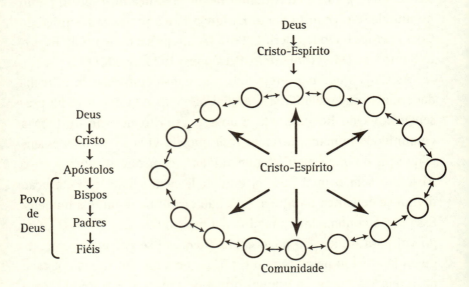

Na primeira representação, a categoria Povo de Deus surge como resultado de uma organização prévia. Nessa organização o poder se concentra no eixo *bispo-padre*; o leigo somente recebe; não produz em termos da organização e da estrutura, somente em termos de reforço da estrutura. Pergunta-se: É a organização que cria a Igreja? Ou a organização surge, como ato segundo, porque existe, previamente, como ato primeiro, a comunidade-Povo de Deus? Parece-nos que a segunda pergunta é a verdadeira; a primeira constituiria a ideologia do grupo dominante que quereria resguardados seus direitos. Ademais, essa concepção eclesiológica se orienta pela categoria "poder". Segundo ela, Cristo e o Espírito não possuem uma imanência imediata, mas somente mediatizada pelo ministério ordenado. Daí a jerarquia ocupar o centro de interesse e não tanto o Ressuscitado e o Espírito com seus carismas. Estes ficam de fora e são introduzidos na comunidade mediante a função representadora e sacramental da jerarquia. A relação Cristo-Espírito-Igreja apresenta-se não num entrelaçamento vital, mas numa exterioridade a modo de uma instituição com o seu fundador. Essa concepção é pouco teológica e muito jurídica; o poder é divino só pela origem; no seu exercício segue os mecanismos de todo poder profano com seus mecanismos de segurança e de controle.

Na segunda representação, a realidade Povo de Deus emerge como instância primeira, e a organização, como segunda, derivada e a serviço da primeira. O poder de Cristo (exousia) não está somente em alguns membros, mas está também na totalidade do Povo de Deus, portador do serviço tríplice de Cristo, de testemunho, de unidade e de culto. Esse poder de Cristo se diversifica consoante as funções específicas, mas não exclui ninguém. O leigo emerge como criador de valores eclesiológicos. Nesse sentido, o Decreto sobre a Atividade missionária da Igreja do Vaticano II (*Ad Gentes*, n. 21) tem razão quando diz: "A Igreja não se encontra deveras formada, não vive plenamente, não é um perfeito sinal de Cristo entre os homens, se aí não existe um laicato de verdadeira expressão que trabalhe com a jerarquia." Antes de se fazerem visíveis pelas mediações humanas (bispo, padre, diácono etc.), o Ressuscitado e o Espírito possuem uma presença na comunidade. Há uma imanência constante e permanente do Espírito e do Senhor ressuscitado na humanidade e, de forma qualificada, na comunidade dos fiéis. São eles que congregam a Igreja e a constituem essencialmente. *A jerar-*

quia está numa função sacramental de organização e de serviço de uma realidade que ela não criou, mas encontrou e se encontrou no interior dela. O elemento teológico-místico possui sempre a primazia sobre aquele jurídico. Nessa compreensão, não resulta difícil entender o eclesiasticismo das CEBs e valorizar teologicamente, como manifestações do Espírito, os vários serviços que vão surgindo no interior da comunidade.

Do que refletimos se depreende que o problema dos ministérios está ligado ao modelo de Igreja que se possui previamente. Sobre este modelo deve incidir a análise e a crítica. As CEBs concretizam uma concepção de Igreja fraternal, *Igreja-comunidade*, *Igreja-Corpo-de-Cristo*, *Igreja-Povo-de-Deus*.

Num *primeiro momento* vigora uma igualdade fundamental de todos. Pela fé e pelo batismo todos são inseridos diretamente em Cristo; o Espírito se faz presente em todos, criando uma comunidade e uma verdadeira fraternidade, na qual as diferenças de sexo, de nação, de inteligência, de posição social não contam (Gl 3,28) porque "todos são um em Cristo" (Gl 3,28). Na comunidade todos são enviados, não somente alguns; todos são responsáveis pela Igreja, não apenas alguns; todos devem dar testemunho profético, não somente alguns; todos devem santificar, não apenas alguns.

Num *segundo momento* surgem as diferenças e jerarquias na unidade e em função da comunidade. Todos são iguais, mas nem todos fazem tudo. Manifestam-se muitas necessidades que devem ser atendidas. Há encargos, funções e serviços (conferir Rm 12 e 1Cor 12). Como diz com acerto o Vaticano II: "Há entre os membros da Igreja uma diversidade quer de ofícios, pois alguns exercem o sagrado ministério a bem de seus irmãos, quer de condição e modo de vida, pois muitos no estado religioso, tendendo à santidade por um caminho mais estreito, estimulam os irmãos por seu exemplo" (*Lumen Gentium* 13).

Na linguagem paulina se diz que na *Igreja-Corpo-do-Senhor* existem muitos carismas. Carismas não se restringem apenas às manifestações extraordinárias do Espírito, mas se realizam no mais cotidiano, como no amor, que é o carisma mais excelente (1Cor 12,37). Cada batizado na comunidade é um carismático, porque cada um possui o seu lugar e sua função: "cada um tem de Deus o seu próprio carisma, um de um modo, outro de outro" (1Cor 7,7); "a cada um é dada a manifestação do Espírito para a utilidade comum" (1Cor 12,7; conferir 1Pd 4,10). Ninguém é inútil e ocioso: "cada membro está a serviço um do outro" (Rm 12,5).

Carisma, portanto, pode ser entendido como função própria de cada um, como forma de manifestação do Espírito na comunidade para o bem dela. Carisma, na definição de H. Küng, "é o chamamento que Deus dirige a cada um para um determinado serviço na comunidade, tornando-o simultaneamente apto para esse mesmo serviço" ("A estrutura carismática da Igreja", in *Concilium*, abril, 1965, p. 44), ou na de um outro grande especialista no ramo: "carisma é o chamamento concreto recebido através do evento salvífico, exercido na comunidade, constituindo-a permanentemente e construindo-a e servindo os homens no amor" (G. Hasenhüttl, *Charisma, Ordnungsprinzip der Kirche*, Friburgo, 1969, p. 238). O carisma, nessa acepção, não é algo acidental à Igreja, algo que poderia faltar; não; é constitutivo da *Igreja-comunidade*. A comunidade se apresenta sempre organizada, embora a organização se faça dentro da comunidade e seja já uma subdeterminação da própria comunidade que é anterior à organização.

Nesse sentido devemos dizer: Jesus não escolheu Doze para serem os fundadores de futuras Igrejas. *Ele constituiu os Doze como comunidade, como Igreja messiânica e escatológica.* Os apóstolos não devem ser tomados, num primeiro e fundamental sentido, como *indivíduos*, cada um para si, mas como *Doze*, isto é, como comunidade messiânica ao redor de Jesus e de seu Espírito. Essa comunidade se alargou e deu origem a outras comunidades apostólicas.

Apresentando a Igreja como comunidade de fé com variedade de funções, serviços e encargos, surge, de imediato, o problema:

quem zela pela unidade do todo, pela ordem e harmonia entre os carismas, de tal sorte que tudo concorra para a construção do mesmo corpo? Aqui surge um carisma específico com a função de ser o princípio de unidade entre todos os carismas: é o carisma de assistência, de direção, de governo (1Cor 12,28), ou ainda o carisma dos que presidem e cuidam de sua unidade (1Ts 5,12; Rm 12,8; 1Tm 5,17). *Seu específico não reside em acumular e absorver, mas em integrar e coordenar.* É um carisma que não está fora, mas dentro da comunidade, não sobre a comunidade, mas a bem da comunidade. O monitor da CEB, o presbítero na paróquia, o bispo na diocese, o papa na Igreja toda são princípios de unidade no interior da Igreja particular e local e no exterior com as Igrejas irmãs. O serviço de unidade, seja como monitor, seja até como papa, não forma um poder autocrático *sobre* a Igreja, mas *no seio* dela e em função dela. Como dizia Santo Agostinho: "bispo para vós, sou cristão convosco". Não existe a ordenação absoluta para a função de direção; não existe um monitor sem sua comunidade; por isso os concílios de Nicéia (325 d.C.) e de Calcedônia (451 d.C.) consideram nulas as ordenações absolutas (conferir Alberigo, J., *Conciliorim Oecumenicorum Decreta*, Bolonha, 1973, 90) e hoje todos os bispos são, pelo menos ficticiamente, bispos titulares de alguma Igreja particular do passado. Para construir essa unidade, o que preside vem dotado de uma graça especial, porque a unidade da Igreja não significa apenas uma grandeza imanente, mas também uma grandeza teológica: unidade com as várias Igrejas e com a de Roma que "preside a todas na caridade" (Santo Inácio de Antioquia: † 110) e unidade entre a Igreja particular e a Igreja universal. O caráter serviçal do ministério da unidade implica, portanto, um caráter ontológico (uma graça especial) permanente porque atende a uma necessidade permanente da comunidade.

Representando graficamente esse modelo de Igreja-comunidade-de-serviços, resulta o seguinte:

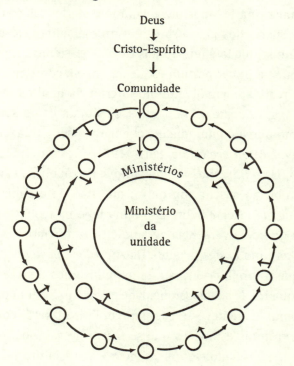

Nesse esquema, com todo o perigo que os esquematismos encerram, aparece claro como todos os serviços surgem na comunidade e para a comunidade. Representa concretamente como as CEBs funcionam e como a partir delas se pode recuperar um sentido de Igreja, para os nossos dias, mais evangélico, pois nos parece que corresponde mais aos ideais pregados e vividos por Jesus Cristo. Sabemos que o NT apresenta vários modelos de Igreja: um mais piramidal, mas com forte acento fraterno (São Mateus); outro mais circular, comunitário-carismático (São Paulo); outro mais orientado pelas funções permanentes dos presbíteros e epíscopos (Epístolas católicas). Com os Doze, Jesus não visou apenas à sagrada jerarquia; visou à Igreja, pois foi da comunidade dos discípulos que tirou os Doze. Fazemos nossa a afirmação do padre Congar: "Jesus instituiu uma comunidade estruturada, uma comunidade toda inteira, santa, sacerdotal, profética, missionária, apostólica, com ministérios em seu seio: uns livremente suscitados pelo Espírito, outros ligados pela imposição das mãos à instituição e missão dos Doze. Faz-se mister, pois, substituir o esquema linear por um esquema onde a comunidade apareça como a realidade envolvente no interior da qual os ministérios, mesmo os instituídos e sacramentais, se situam como serviços daquilo mesmo que a comunidade é chamada a ser e a fazer" (*Ministères et communion ecclésiale*, Paris, 1971, 19; conferir também A. Antoniazzi, *Os ministérios na Igreja hoje*, Petrópolis, 1975, 11-24).

Esse problema suscita um outro: que tipo de organização quis Jesus para a sua Igreja? Sobre isso reina hoje na teologia católica e ecumênica grande divergência de opiniões. Trataremos disso, brevemente, ao término deste trabalho. Os *Atos dos apóstolos* (6,1-6) nos sugerem que a Igreja criou para si os ministérios de que precisava dentro do quadro de sua apostolicidade essencial. No fundo, devemos dizer: a comunidade deve-se equipar (conferir Ef 4,12) com aqueles serviços, estruturas e funções que se fazem necessários para tornar presente o Ressuscitado, sua mensagem e seu Espírito no meio dos homens, de tal forma que lhes seja uma Boa-Nova, especialmente aos pobres. Cremos que a existência e o funcionamento das CEBs permitem recolocar, em termos mais simples e realistas, toda a problemática dos ministérios como subdeterminações de um modelo vivido de Igreja, aquele de uma *Igreja-comunidade, fraterna*, sacramento de libertação integral no mundo, dotada de muitos carismas. Uma leitura teológica nos permite acolher como verdadeiros ministérios os vários serviços que se fazem na comunidade: alguns, permanentes, por atenderem a necessidades permanentes; outros, passageiros, ligados a pessoas com carisma especial. Os vários serviços constituem diferentes formas como o Espírito se faz presente e atua na comunidade (conferir L. Boff, "As eclesiologias presentes nas CEBs", *in Uma Igreja que nasce do povo*, Petrópolis, 1975, p. 201-209).

REFERÊNCIAS BIBLIOGRÁFICAS

A. ANTONIAZZI, *Os ministérios na Igreja hoje* (Cadernos de teologia pastoral I), Petrópolis, Vozes, 1975.

L. BOFF, "A Igreja, sacramento do Espírito Santo", *in Igreja: carisma e poder*, Rio de Janeiro, Record, 2005, p. 293-315.

_____, "O sacerdócio ministerial: serviço de unidade e reconciliação dentro da comunidade dos fiéis", *in O destino do homem e do mundo*, Petrópolis, Vozes, 1974, p. 102-124.

R. RUIJS, "Estruturas eclesiais no NT à luz da vontade de Jesus", *in REB* 33 (1973), p. 35-60.

VÁRIOS AUTORES. Todo o número 80 da revista *Concilium* de 1972 trata dos ministérios no NT.

Y. CONGAR, "Ministère et structuration de l'Eglise", *in Ministères et communion eclésiale*, Paris, 1971, p. 31-50.

Capítulo V

EM QUE AS CEBs PODERÃO CONTRIBUIR NA SUPERAÇÃO DA ATUAL ESTRUTURA DA IGREJA

A forma como se organizam as CEBs e a praxe que nelas se articula corroboram para superar um obstáculo fundamental da vida comunitária: a estrutura de participação na Igreja. Esta se estrutura numa forma bastante esquematizada e rígida, como já esboçamos anteriormente (conferir Medina — Ribeiro de Oliveira):

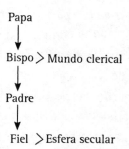

A participação do fiel, *em termos de decisão*, é totalmente mutilada, porque se restringe ao eixo papa-bispo-padre. Uma comunidade na qual se cortam os caminhos da participação em todos os sentidos não pode pretender se chamar comunidade, em que, como já insistimos, deve vigorar igualdade, fraternidade, face a face dos membros.

Existe ainda uma agravante: essa estrutura linear foi reproduzida e consagrada dogmaticamente; foi socializada pela teologia e interiorizada nos próprios ministros que, ao relacionarem-se, o fazem nos quadros da estruturação vigente, perpetuando o problema. Nesse tipo de relacionamento, por exemplo, o bispo não entra em contato direto com o fiel, apenas com o padre. O número 28 da *Lumen Gentium* diz expressamente:

> Em cada comunidade local de fiéis, os presbíteros tornam presente de certo modo o bispo, ao qual se associam com espírito fiel e magnânimo. Tomam como suas as funções e a solicitude do bispo e exercem a cura pastoral diária. Sob a autoridade do bispo santificam e regem a porção do rebanho do Senhor que lhes é confiada.

C.A. de Medina e Pedro A. Ribeiro de Oliveira, sociólogos do CERIS (Centro de Estatística Religiosa e Investigações Sociais), analisaram com acuidade o funcionamento dessa estrutura linear e descendente na Igreja do Brasil. A análise vale para toda a Igreja, já que a Igreja no Brasil reproduz o sistema vigente de modo uniforme e universal em toda a Igreja (conferir *Autoridade e participação, Estudo sociológico da Igreja católica*, Petrópolis, 1973; conferir também C.A. Medina, "A Igreja católica no Brasil: uma perspectiva sociológica", in *REB* (1973), p. 72-91). Nela, os papéis de cada agente estão definidos, sendo que o fiel, em termos de *participação nas decisões*, se encontra excluído; não é portador de realidade eclesiológica decisória. Por mais que se renovem os quadros de Igreja, se faça os leigos participarem de atividades eclesiais e eclesiásticas, a situação se estrangula, mercê da estrutura de poder na Igreja, quando os leigos entendem influir nas decisões. Negada ao fiel no seio da Igreja particular sua capacidade de decisão e de criação de conteúdo religioso, nada mais lhe resta senão ser criador numa esfera marginal, que é o catolicismo popular (conferir *Autoridade e participação, op. cit.*, p. 59-132).

"A única saída", confessam Medina e Ribeiro, "está na compreensão do leigo como um dos termos da estrutura, participante, portanto, do poder de decidir quanto aos objetivos específicos de sua Igreja. Mas para isso é indispensável que ele exista concretamente como portador de valores religiosos em sua vida. Porém, alcançar isso é alterar a estruturação em eixo vigente, é apresentar-se a Igreja à determinada população como uma totalidade, em que seus elementos constitutivos têm, todos, uma função diferenciada de acordo com uma posição de idêntico valor na estrutura. Aceitar tal saída é aceitar também alterações no nível do mundo clerical (bispo-padre), redefinindo-lhes a marca e a função. E em tudo isso assume papel de destaque o processo de socialização do leigo. A alteração no mecanismo de socialização religiosa seria um dos componentes básicos para o funcionamento de uma Igreja já renovada, com uma nova identidade. Tal saída não alteraria o caráter seletivo da Igreja; ela permaneceria diferenciada, mas contendo como termo o leigo em dimensão ativa, portador de valores religiosos e capaz de inspirar a construção da cidade terrena" (*Autoridade e participação, op. cit.*, p. 180-181).

Não se trata, pois, de destituir, num processo falsamente libertador, a função episcopal e presbiteral. Ela assume novas tarefas, segundo um arranjo novo de relacionamentos dos termos bispo-padre-leigo. A teologia do Vaticano II, exarada na *Lumen Gentium* e na *Apostolicam Actuositatem* sobre o apostolado dos leigos, supera a concepção linear por uma outra retangular, na qual cada termo ganha um peso próprio e é portador de substância eclesial (conferir Medina — Ribeiro de Oliveira):

Os três termos estabelecem uma rede de relações entre si numa circularidade envolvente. Como diz o decreto *Ad Gentes* (n. 21), "a Igreja não se encontra deveras consolidada... se aí não existir um laicato de verdadeira expressão que trabalhe com a hierarquia". Os três são responsáveis por toda a realidade da Igreja. A colegialidade não permanece uma característica apenas do episcopado e do presbiterado; ela é de todo o Povo de Deus.

As CEBs funcionam conforme o esquema triangular. Elas criaram um novo estilo de presbítero e de bispo no meio do povo como princípios de animação, de unidade e de universalidade. Por outro lado, fizeram emergir o leigo como portador de valores eclesiológicos, seja como coordenador ou monitor da comunidade, seja desempenhando os vários serviços comunitários. Em seu âmbito próprio, o leigo assume a causa de Cristo e participa das decisões de sua Igreja local. As CEBs ajudam toda a Igreja num processo de desclericalização, devolvendo ao Povo de Deus dos fiéis direitos tolhidos na estruturação linear. Teoricamente, na teologia, se processou já a superação do antigo arranjo. *Não basta, porém, saber; há que exercer uma nova praxe.* Esta está sendo articulada pelas CEBs; elas ajudam toda a Igreja a se reinventar pelas bases; a experiência vai, lentamente, confirmando a teoria e dando confiança à própria Igreja-instituição da viabilidade de uma nova forma de ser-Igreja no mundo de hoje.

As CEBs estão prefigurando uma nova estruturação social da Igreja. Evidentemente não haverá somente CEBs; como já consideramos no Capítulo 2, elas constituem fermento de renovação no interior da Igreja toda, e não alternativa global para a totalidade da Igreja. Segundo J. Comblin, haverá, na cidade, provavelmente três níveis de pertenças e três tipos de comunidades.

Primeiro: as CEBs seguramente vão se institucionalizar, se expandir e se universalizar: "Assim como na Idade Média o esquema paroquial entrou progressivamente (século XII a XIV) e substituiu o antigo regime da antigüidade cristã, assim também a formação de comunidades de base será progressiva" ("Processo de evolução para uma comunidade cristã urbana", in *REB* 30 [1970], 819-828 ou in A. Gregory, *Comunidades Eclesiais de Base, op. cit.*, 174).

Segundo: caminhar-se-á para o grupo especializado de ação nascido dos institutos religiosos e dos movimentos de apostolado leigo — equipes sacerdotais, formação de equipes de estudo, centros religiosos de animação espiritual, movimentos de conversão tipo Rearmamento moral, grupos missionários, utilização dos *mass media* como TV e rádio.

Terceiro: marchar-se-á rumo ao centro pastoral urbano que virá substituir a antiga cúria diocesana. Será um órgão de coordenação global das comunidades.

Todos esses tipos de comunidades já existem, embora ainda em fase embrionária, mas já fazem prenunciar a figura da Igreja do porvir. As atuais CEBs encerram em si uma profecia: a realização progressiva de uma promessa como realidade histórica de uma Igreja nova, nascida da fé que alimenta o Povo de Deus.

REFERÊNCIAS BIBLIOGRÁFICAS

C. A. MEDINA e P. A. RIBEIRO DE OLIVEIRA, *Autoridade e participação* (CERIS-Vozes), Petrópolis, 1973.

J. B. LIBÂNIO, "Elaboração do conceito de Igreja particular", *in Igreja particular*, São Paulo, Loyola, 1974, p. 13-60.

J. CLADENTEY, "Significado das comunidades cristãs para a Igreja", *in Concilium* 104 (1975), p. 466-473.

J. COMBLIN, "Processo de evolução para uma comunidade cristã urbana", *in* A. GREGORY, *Comunidades Eclesiais de Base*, op. cit., p. 165-178.

M. XHAUFFAIRE, "A Igreja de amanhã", *in Comunidades de Base*, Lisboa, Moraes, 1973, p. 167-193.

Capítulo VI

AS COMUNIDADES ECLESIAIS DE BASE: NOVO MODO DE TODA A IGREJA SER?

A varredora, em frente à Catedral de Caxias, na qual se realizou o VII Encontro Intereclesial de CEBs, estava chorando apoiada em sua vassoura. Dizia comovida: "Um pedaço do Reino de Deus já chegou. Padre, não é um pedaço do Reino ver todo mundo comendo, sentados uns no chão, outros sobre a mureta, e outros nas escadas da Igreja, outros de pé, bispos no meio do povo, teólogos com camponeses, agentes de pastoral com alguns indígenas, latino-americanos mesclados com convidados europeus, andinos com amazônicos? Não é um pedaço do Reino de Deus essa fraternidade, essa união, essa diversidade, todos juntos, irmãos e irmãs?" E chorava de alegria, dom do Espírito Santo.

Eu, que a tudo ouvia, dei-lhe plena razão e pensei lá com meus botões: *"Eis a intuição certeira do que significa 'CEBs, novo modo de ser Igreja'."* E essa faxineira compunha também parte desse pedaço antecipado do Reino de Deus; pois foi a partir da participação nas CEBs que ela aprendeu a ler esse fenômeno como "pedaço do Reino de Deus". E eu lhe assegurei: "Num encontro como este, você é tão importante como um assessor, como um agente de pastoral; imagine se você não estivesse aqui e limpasse todo esse chão dos papéis e pratos descartáveis que são deixados aqui e acolá — como ficaria o pátio da catedral, depois de quatro dias? Cada um faz a sua parte e juntos compomos a riqueza da comunidade e do encontro das comunidades de todo o Brasil e da América Latina." Esse fato se impunha no VII Encontro, características de todos os demais encontros anteriores: a fusão entre os vários pólos na Igreja: bispos com a base, assessores com o povo, agentes de pastoral com representantes de outros países da América Latina, ministros ordenados com ministros leigos, homens com mulheres, religiosas com cantadores populares, membros de CEBs com cargos políticos rezando com simples camponeses nordestinos, raças distintas, classes sociais diversas, níveis culturais diferentes, confissões cristãs outras e, contudo, nessa pluralidade, e não apesar dela, se dava a união de todos nas celebrações, nas discussões em grupos ou nos plenários, na convivência de quatro densos e inesquecíveis dias. Isso é o *"novo modo de ser Igreja"* como desafio para ser *"um novo modo de toda a Igreja ser"*. Cabe constatar que no espaço da Igreja tradicional não há nenhum evento que permita semelhante congregação do Povo de Deus e a fusão harmônica dos distintos serviços e ministérios no interior da comunidade eclesial, sem prejuízo da diversidade e da unidade.

1. "Novo modo de ser Igreja": sua ligação com o mais antigo modo

O "novo" modo de ser das CEBs não é absoluto; é relativo e relacionado com o modo vigente de ser Igreja que tem predominado no último milênio. O modo atual pode ser caracterizado pelo modelo de Igreja-sociedade, chamado também de Igreja-cristandade. Não se trata de uma questão doutrinária ou dogmática, mas de uma forma *histórica* de organização do mistério da Igreja. Na *Igreja-sociedade* a Igreja vem definida principalmente pela hierarquia (portadores de poder religioso). Tanta é essa identificação que comumente, ao dizermos "que pensa a Igreja sobre a propriedade privada, sobre a libertação etc.?", nos referimos às autoridades eclesiásticas (o Papa e os bispos). No outro pólo da hierarquia estão os leigos (sem poder religioso de *decisão*), conduzidos e incorporados ao projeto eclesiástico elaborado por essa hierarquia. A categoria desse modelo de Igreja-sociedade é o poder religioso que vem organizado e distribuído hierarquicamente pelo caminho do sacramento da ordem. A Igreja-sociedade se articula com a grande sociedade por meio dos portadores de poder dessa sociedade. Assim, poder religioso e poder político-social se sentem afins e conaturais. As autoridades eclesiásticas normalmente se entendem bem, dentro deste modelo, com as autoridades políticas. Toda a evangelização da América Latina se deu dentro da colaboração e cumplicidade dos dois poderes: religioso e político. Ambos tinham o mesmo projeto: as potências coloniais submetiam os corpos e as autoridades eclesiásticas conquistavam as almas. *No modelo Igreja-sociedade* a base social da Igreja é constituída pelos grupos dominantes. Na aliança com os poderes deste mundo a hierarquia se inseria no conjunto da sociedade e atingia os pobres. Nesse projeto organizou uma imensa rede de assistência para os pobres; eles eram beneficiados pela benevolência do poder religioso combinado com o poder político. Os pobres eram objeto, e não sujeito dessa assistência.

Diante desse modelo se diz que as CEBs representam um "*novo modo de ser Igreja*". Elas cristalizam um modelo diverso que está em curso de constituição um pouco por todas as partes no mundo, mas de forma particular na América Latina e de modo mais avançado no Brasil.

O que está surgindo é o modelo de *Igreja-comunidade*. O valor central não reside no poder religioso, mas na *comunidade* de pessoas, de serviços e de ministérios. Os valores da comunidade não residem tanto na *hierarquia dos poderes*, mas na participação *o mais igualitária e globalizante possível*, na criação de laços de fraternidade e na valorização das diferenças. Esse modelo nasceu do seio da Igreja-sociedade a partir de pessoas evangélicas que se inseriram em pequenos grupos e aí foram vivenciando seu ser-Igreja. A inserção se deu nos meios mais pobres e marginalizados da sociedade. Por isso essa Igreja-comunidade se chama com razão histórica e teológica de Igreja dos pobres, tão louvada na tradição e no magistério recente a partir de João XXIII. A base social desse modelo de *Igreja são os pobres*, marginalizados e oprimidos — numa palavra, as grandes maiorias de nossos países periféricos. Essa Igreja-comunidade não atua se utilizando do poder político, mas diretamente, por meio da própria comunidade que une fé e vida; ou seus membros se inserem e militam nos movimentos populares. O tema da *vida* e não do *poder* é axial para esse modelo de Igreja e para os cristãos que vivem sua fé eclesial nas comunidades. Hoje vigora uma vasta rede de Comunidades Eclesiais de Base, configurando concretamente a Igreja-comunidade, incidindo sobre toda a sociedade com uma mensagem libertária, denunciadora das injustiças e comprometida com uma nova sociedade. Esse modelo de Igreja-comunidade se religa à mais antiga tradição eclesial, à Igreja dos primórdios, pois esta, como é conhecida historicamente, era constituída principalmente por comunidades de pessoas do povo, de trabalhadores e de pobres. Mesmo que houvesse já pessoas dos estratos elevados da sociedade ou do poder, todos se inseriam na dinâmica comunitária e pobre da Igreja nascente. Com razão, pois, podemos dizer que as CEBs historizam um novo modo de ser Igreja. *Com isso não fica decretada a morte da Igreja-sociedade*. Devemos ter clareza do fato de que se trata não de *duas Igrejas*, em seu sentido teológico, mas de dois *modelos* do sentido teológico único de Igreja, como aquela comunidade de fiéis que se reúne ao redor da pessoa e da mensagem de Jesus Cristo e se sente habitada e conduzida pelo Espírito para continuamente atualizar essa mensagem na história, na esperança de que tudo se complete no Reino do Pai. Esse sentido teológico se *organiza institucionalmente de vários modos, ao longo do tempo*. Os modelos podem se opor, se diferençar, mas sem destruir a substância teológica da Igreja. Na Igreja não há interesses antagônicos e irreconciliáveis. Sempre os modelos guardam uma referência comum, que é o evangelho como memória de Jesus e do Espírito. Mas importa desenvolver dentro dos modelos, principalmente naquele da Igreja-sociedade (por ser mais autoritário e centralizador), uma pedagogia de tolerância e flexibilidade. É importante reconhecer a legitimidade da Igreja-comunidade, da Igreja dos pobres, mesmo que ela não venha a ser o modelo hegemônico nos dias de hoje. É por esse modelo que os pobres e marginalizados se sentem Igreja. Não devemos olvidar que os benefícios que a Igreja-sociedade acumulou ao acercar-se dos poderosos redundaram num déficit de evangelização dos pobres. *Depois do primeiro milênio, somente em nossa geração, os pobres ocupam a centralidade que atualmente possuem, como sujeitos constituidores de Igreja-rede-de-comunidades e não apenas como objeto da assistência caritativa da Igreja-sociedade*, que, na verdade, nunca faltou. Ademais, a Igreja-comunidade, ou Igreja dos pobres, dada a sua profunda ligação ao Evangelho e às intenções primeiras de Jesus (os pobres como os primeiros destinatários de sua mensagem e os prediletos do Pai), representa sempre um desafio ao outro modelo de Igreja, para que ele se confronte também com o Evangelho e seja um veículo mais e mais transparente da libertação de Jesus.

2. "Novo modo de toda a Igreja ser": em que sentido?

Além de reivindicar para si a legitimidade de existência, a Igreja-comunidade suscita um desafio: que toda a Igreja — quer dizer, todos os possíveis modelos de Igreja — incorpore em si a dimensão *"comunidade".* Por que essa exigência? É por uma razão estritamente teológica, de ordem trinitária. A essência íntima de Deus, pois é essa a fé da Igreja, não é solidão na comunhão de três divinas Pessoas. A comunhão — *koinonia, communio* — constitui a realidade (e conseqüentemente a categoria) fundamental que permeia todos os seres e que melhor traduz a presença do Deus-Trindade no mundo. É a comunhão que faz a Igreja ser "comunidade de fiéis", a definição mais curta, a mais real e verdadeira da Igreja. Não é sem razão que o Vaticano II faz derivar a união do Povo de Deus da unidade que vigora entre as três divinas Pessoas (*Lumen Gentium* 4), unidade que resulta da comunhão e da pericórese* trinitária. A comunhão e a comunidade devem estar presentes em todas as manifestações humanas e em todas as concretizações eclesiais. Por isso, acertadamente se postula que a comunidade eclesial deve ser "um modo de toda a Igreja ser"; pertence à definição essencial da Igreja (pouco importa seu modelo histórico) a realidade comunhão e comunidade. Isso não significa que toda a Igreja (conjunto dos fiéis) deva constituir uma Comunidade Eclesial de Base; significa que deve viver sua fé também em sua expressão comunitária e em comunidade. As CEBs nos recordam permanentemente a necessidade da "comunidade, da comunhão e da consciência de que a Santíssima Trindade é a melhor comunidade".

3. As CEBs nos ajudam a aprofundar o mistério da Igreja

Já no primeiro encontro intereclesial de CEBs, em Vitória, em 1975, cunhou-se a expressão "eclesiogênese" para qualificar o fenômeno a que assistíamos: a gênese de uma Igreja. Sim, a Igreja nasce sempre de novo a partir da fé do povo, suscitada e animada pelo Espírito. As CEBs se constituem assim, para o teólogo que observa atentamente, numa oportunidade única de ver emergirem os elementos fundamentais que constituem a Igreja concreta. Gostaríamos aqui de elencar alguns deles, sem pretendermos ser completos.

---
*Termo criado pelos teólogos, em grego, que pretende resumir o essencial da Unidade trinitária e também da unidade das naturezas em Jesus – Deus – Homem.

3.1. O caráter trinitário da comunidade eclesial

Já nos referimos a ele anteriormente, mas ainda assim não queremos esquecer o dado trinitário para a correta compreensão da Igreja. Tal perspectiva não é muito presente na vivência da Igreja-sociedade e na espiritualidade cristã. A Trindade nos coloca, desde o início, no coração do mistério de comunhão. João Paulo II, falando aos bispos em Puebla, em 28 de janeiro de 1979, proclamou: "Nosso Deus em seu mistério mais íntimo não é uma solidão, mas uma família... e a essência da família é o amor." Uma concepção pré-trinitária ou *a-trinitária* de Deus, ou melhor, uma compreensão estritamente monoteísta de Deus traz consigo um problema político. Tudo é visto a partir de um único foco de ser, de poder e de organizar. Caímos numa concepção centralizadora e autoritária: um Deus, um Cristo, um Papa, um bispo, um só chefe político, um só coordenador e um só ponto de referência. Se, entretanto, partimos corretamente do fato de que no princípio e na raiz de tudo vige a Trindade de Pessoas em comunhão e que os divinos Três estão sempre em eterna pericórese, e devido à comunhão são um só Deus-comunhão, um único Deus-amor, então deriva daí que a comunhão e o inter-relacionamento entre diversos devem estar sempre presentes tanto na Igreja quanto na sociedade. A comunhão trinitária impede todas as formas de dominação e centralização em nome de Deus. Ora, esse risco não é devidamente evitado pelo modelo de Igreja-sociedade; é sabido que o clero possui uma posição demasiadamente forte no conjunto dos fiéis e na forma como o poder sagrado é distribuído. As CEBs mostram que é possível uma distribuição mais participativa, sem desvalorizar o ministério do bispo e do presbítero. As CEBs nos mostram em seu modelo de Igreja-comunidade que Deus é Trindade, como comunhão de três Pessoas divinas, e que a Trindade é a máxima utopia de coexistência da diversidade (as três Pessoas são diversas) com a unidade (constituída pela essência divina, que é amor e comunhão e comunicação). A memória trinitária da Igreja é particularmente urgente hoje, pois assistimos a um retrocesso a métodos autoritários, centralizadores e, no máximo, paternalistas — no trato das coisas sagradas e na condução pastoral da comunidade eclesial em nível internacional e local. As CEBs, no VI encontro intereclesial de Trindade (Goiás, em 1986), escolheram como lema: "A Santíssima Trindade é a melhor comunidade". Elas nos convocam a mergulhar mais no verdadeiro mistério de comunhão divina que se deve traduzir em mais comunhão em todos os níveis eclesiais e sociais.

3.2. A primeira coluna da Igreja: Jesus Cristo

As CEBs nos ajudam a compreender mais profundamente Jesus Cristo como fundador da comunidade eclesial. Não se trata de um ato jurídico, como quando fundamos uma associação religiosa ou civil. É a permanente inauguração do movimento de Jesus que arrasta após si pessoas que se deixam fascinar pela pessoa e pela mensagem de Cristo. As CEBs surgem ao redor da Palavra. Aí as pessoas entram em contato com a figura de Jesus e se apropriam do projeto de Cristo. A Palavra é lida a partir dos questionamentos da vida, e a vida é questionada e enriquecida a partir da Palavra. O resultado dessa mútua frutificação é a decisão do seguimento de Cristo. Esse seguimento significa uma adesão pessoal à pessoa de Cristo, aceito na fé como verdadeiro homem, pobre, identificado com os sofredores de seu tempo, em tensão permanente com os poderosos de sua época, seja na religião, seja na sociedade, portador de uma proposta de libertação integral da vida já agora de suas carências básicas e aberta para a plena libertação na amizade com Deus e na vivência da verdadeira fraternidade, incluindo a transfiguração de toda a criação em Deus. Ao mesmo tempo se acolhe na fé que esse homem concreto é a presença encarnada do próprio Filho do Pai, do filho pródigo, portanto, do Deus que nos visitou em nossa miséria e que por isso é adorado como salvador. Desse homem-Deus recebemos os gestos sacramentais básicos, os serviços essenciais da comunidade que é toda ela apostólica e ministerial. Jesus Cristo dá configuração concreta à comunidade como Igreja de Cristo e não como qualquer comunidade que se reúne sob qualquer outro nome ou sob qualquer outro interesse. Como ressuscitado, Jesus está sempre presente na comunidade. Essa compreensão da presença atual de Jesus permitiu um desenvolvimento de toda uma mística da ressurreição nas CEBs. É nesse sentido de atualização de Jesus que se deve entender corretamente a afirmação de que Jesus fundou e continua sempre de novo a fundar a sua Igreja, quer dizer, continua chamando pessoas para segui-lo, organizar-se ao redor da memória que deixou, acolher as determinações básicas que estabeleceu, não em último lugar, a opção preferencial pelos pobres e marginalizados. Se a base da Igreja é a Santíssima Trindade, a primeira coluna sobre a qual se sustenta o edifício eclesial é a figura e a mensagem de Jesus Cristo.

3.3. A segunda coluna da Igreja: o Espírito Santo

As CEBs propiciam também um aprofundamento da ação do Espírito Santo dentro da comunidade eclesial. Jesus Cristo deu origem a uma organização histórica: o grupo organizado dos cristãos, seus seguidores. É o Espírito que faz com que essa organização se transforme num organismo vivo. É o Espírito que permite atualizar para as conjunturas distintas e para tempos culturais diversos a boa-nova, para que seja realmente algo bom, promotor da vida e antecipador da feliz esperança do Reino. Se Cristo representa o *poder* na Igreja, o Espírito Santo dá conta do *carisma*. Carisma e poder, na comunidade, andam sempre juntos. Há o poder de organização, mas há também o carisma da criação. Há a tradição que vem da encarnação do Verbo testemunhada pelo testemunho apostólico, mas há também a novidade de cada geração, suscitada pelo Espírito que atua em pessoas e movimentos carismáticos, inovadores de uma nova prática e de uma nova linguagem, de uma nova simbólica e de uma nova presença da fé no meio das culturas. Há os ministérios que vêm de Cristo com seus apóstolos, mas há também novos ministérios que vêm do Espírito, como respostas concretas a problemas concretos da comunidade inserida na sociedade. Nas CEBs percebe-se quase visivelmente a presença do Espírito Santo: na fala inspirada dos membros quando comentam a Palavra confrontada com suas vidas, no surgimento de cânticos cheios de inspiração religiosa e de vontade de compromisso com a causa do Reino, na emergência de todo tipo de serviços em função da construção da comunidade (catequistas, pregadores ambulantes, cantadores, escritores, coordenadores de comunidade etc.) e da inserção no meio social, geralmente pobre e oprimido (militantes cristãos nas associações de moradores, em sindicatos, em partidos políticos de cunho libertário etc.). Devemos aqui recuperar a teologia antiga que via os ministérios não apenas ligados a Cristo (agir em lugar de Cristo), mas também ligados ao Espírito Santo (produtores de vida cristã, fomentadores de espiritualidade, vocacionados ao serviço dos outros). São Paulo na epístola aos Romanos (12) e na epístola aos Coríntios (1Cor 12) liga os ministérios ao mesmo e único Espírito (1Cor 12,4; Rm 12,4; Ef 4,4). Nas CEBs percebemos, claramente, essa aparição do Espírito Santo nos vários serviços e ministérios, junto com aqueles cristológicos, ligados ao sacramento da Ordem. Continuamente a Igreja é construída por essa segunda coluna que sustenta a comunidade: o Espírito Santo. No dizer de Santo Ireneu, é por suas duas mãos — a direita, o Filho, e a esquerda, o Espírito Santo — que o Pai nos alcança e nos salva bem concretamente.

3.4. A Igreja é simultaneamente instituição e acontecimento

As CEBs nos fazem compreender aquilo que a teologia nos últimos decênios tanto repetiu: a Igreja é ao mesmo tempo instituição e acontecimento. É instituição na sua organização que vem do passado, na sua estrutura sacramental, ministerial, dogmática, canônica e litúrgica. A instituição garante a continuidade histórica e insere a fé no conjunto da sociedade. Mas a Igreja não é apenas isso. Ela é também acontecimento. Quando pessoas se encontram, mesmo debaixo de uma castanheira, na casa de alguém ou num centro comunitário (usado para múltiplos serviços) para meditar a Palavra e se deixar converter por ela, aí está presente o Senhor com seu Espírito, aí emerge a Igreja-acontecimento. Ela quase não possui perpetuidade e estruturação. Mas nela acontecem os elementos mínimos que estão na base da Igreja: a fé, a comunidade, o amor, a esperança, a audição da Palavra, a oração e o propósito do seguimento de Cristo segundo a vida do Espírito. As CEBs, na sua pobreza de meios, no seu caráter comunitário (com mínimos elementos societários de organização: quem coordena, quem anima a celebração etc.), nos recordam que Igreja também é movimento, sempre algo que se está construindo. Talvez hoje, dado o peso da instituição milenar, de sua pouca flexibilidade, de seus compromissos históricos com certos setores da cultura dominante, esse caráter de acontecimento da Igreja torne novamente apetecível a mensagem de Jesus, a faça menos contraditória (uma coisa é o que a instituição-Igreja prega e outra, muitas vezes, é o que seus membros vivem) e lhe devolva de novo seu caráter de boa-nova.

3.5. O petrinismo e o paulinismo da Igreja

As CEBs, por fim, nos recordam duas referências históricas fundamentais da Igreja, assim como a conhecemos hoje. Historicamente ela é fruto da organização ao redor de Pedro, como princípio concreto de unidade e garantia da fidelidade essencial com a Tradição apostólica. Mas a Igreja é resultado também da criatividade de Paulo, que abandonou o solo judaico, libertou o cristianismo nascente de certa compreensão carnal do evento-Jesus e partiu para a inculturação no mundo helênico. Se Pedro é a organização, Paulo é a criação. Pedro e Paulo se encontram unidos na figura do Papa, herdeiro das duas vertentes representadas no túmulo de ambos os apóstolos em Roma. Petrinismo e paulinismo se pertencem mutuamente. Nos últimos séculos predominou o petrinismo na forma de organização e propagação do cristianismo. Tal ênfase deu origem a uma política eclesiástica centralista, fundamentalmente conservadora e resistente à assunção do novo, seja vindo do interior da própria Igreja, seja vindo da sociedade. Necessitamos recuperar o equilíbrio eclesiológico entre o petrinismo e o paulinismo. As CEBs nos recordam a importância do paulinismo, da necessidade de toda a Igreja ouvir o clamor universal dos oprimidos, de ela se mostrar capaz de renovação em suas estruturas, em sua linguagem e em suas celebrações, não por modismos novidadeiros, mas por esforço de resguardar permanentemente o caráter de boa-nova da prática e da palavra de Jesus.

4. A espiritualidade como luta em favor da vida

Uma das contribuições mais originais das CEBs reside na espiritualidade. Com toda a certeza podemos dizer que a alma secreta e o motor que animam a vida das comunidades residem precisamente na espiritualidade. Mais ainda: as CEBs nos estão ajudando a recuperar o sentido bíblico e mais tradicional de espiritualidade. Biblicamente, espiritualidade significa a vida segundo o Espírito. Ela se opõe à vida segundo a carne. Paulo diz claramente: "a tendência da carne é a morte, enquanto a tendência do espírito é a vida e a paz" (Rm 8,6). Espiritualidade é toda a atividade humana, é o projeto humano orientado para a reprodução, promoção e defesa da vida; eis o que significa andar segundo o Espírito. Andar segundo a carne é organizar a vida ao redor do egoísmo, num projeto humano centrado apenas em si mesmo, insensível à vida e às tribulações dos outros. Aos gálatas, Paulo mostra concretamente o que significa andar segundo a carne e andar segundo o Espírito (6,13-26). Andar segundo o Espírito produz gestos e atitudes que expandem o sistema da vida; andar segundo a carne implica degradar a vida de si próprio e oprimir a vida dos outros. Nessa perspectiva, a verdadeira oposição, na espiritualidade cristã, não é entre o corpo e a alma, mas entre a vida e a morte. O Espírito é sempre Espírito de vida e de ressurreição (Rm 8,11.13). Sempre que lutamos pela vida digna e nos sacrificamos para que todos tenham vida, como fez Jesus, estamos sendo instrumentos do Espírito e vivemos segundo o Espírito (conferir Rm 8,4).

Essa compreensão da espiritualidade surgiu nas CEBs e, em geral, na Igreja latino-americana, que se comprometeu com as maiorias oprimidas, a partir de duas experiências que se conjugaram: a experiência da iniqüidade do sistema capitalista que ameaça o povo de morte e a leitura da Bíblia em comunidade.

A partir dos anos 1950 (com o processo acelerado de industrialização com a conseqüente internacionalização das economias latino-americanas e a acumulação de riqueza em poucas mãos) cresceu a consciência, praticamente em todos os países de nosso continente, do nível de espoliação e miséria a que a ordem capitalista estava submetendo o povo. Falta de trabalho, de alimentos, de saúde, de moradia, de educação e de segurança começaram a crescer de forma assustadora e como nunca antes em nossa história. *Pari passu* se implantaram ditaduras militares com aparelhos repressivos e terror de Estado, em vários países latino-americanos; tudo isso para garantir os ganhos do capital e frear os ímpetos reivindicatórios das maiorias empobrecidas. Via-se claramente que a vida e a morte do povo estavam ligadas à manutenção ou à derrubada desta ordem iníqua. A Igreja-sociedade (quer dizer, a Igreja hierárquica) historicamente articulada com os interesses da ordem colonial e capitalista deu-se conta, de forma palpável, que tal situação era profundamente antievangélica.

Ela não poderia mais compactuar com essa ordem. A Igreja hierárquica, animada pelos últimos papas, sensíveis ao grito dos oprimidos, assumiu sua função profética de denúncia dessa antiordem e de anúncio de um projeto de vida e de participação para o povo. Foi a partir de sua consciência evangélica, e não por motivos políticos, que a Igreja hierárquica se deu conta da contradição à sua mensagem original e tradicional de vida, de dignidade, de respeito dos direitos humanos — particularmente, dos direitos dos pobres — e começou a se afastar dos poderosos e a se aproximar das vítimas do nosso desenvolvimento profundamente desigual e injusto. Setores mais avançados da hierarquia (como Dom Helder Câmara, do Brasil; Dom Larrain, do Chile; Dom Proaño, do Equador, entre outros) proclamavam a necessidade de superação da ordem capitalista por uma ordem democrática, ligada à participação do povo. Nesse contexto é que se começou a falar sobre processo de libertação a partir dos oprimidos, como imperativo da fé e exigência social da realidade.

Esses setores de Igreja — juntamente com teólogos e outros agentes de pastoral popular — começaram a desentranhar as dimensões libertadoras presentes na essência da fé cristã. Essa nova codificação da fé cristã ajudaria os pobres — que são em sua maioria religiosos — a se engajar, a partir de sua própria bagagem de fé, no processo de superação das opressões a que estavam crescentemente submetidos. Esse compromisso com a mudança da sociedade a partir da fé libertadora ajudou a desenvolver toda uma espiritualidade de compromisso com os pobres e contra a sua pobreza-opressão; auxiliou na descoberta do Cristo sofredor nas coletividades marginalizadas, na releitura do Evangelho como mensagem de libertação integral e do Reino em sua dimensão histórica e escatológica, começando com a instauração da justiça e da paz e culminando com a comunhão íntima com Deus. Essa foi uma vertente, geradora de espiritualidade.

A segunda vertente consiste na reapropriação das comunidades eclesiais da leitura da Bíblia a partir de sua própria situação de miséria. Toda a Bíblia é assumida como Palavra de Deus dirigida a Seu povo. Mas quando confrontada com a situação de morte que as comunidades eclesiais viviam e ainda vivem, emergiram ênfases e acentos que falavam diretamente para o hoje da história. Assim a temática do Êxodo, as denúncias dos profetas, o código da aliança, a prática libertária de Jesus, o significado de seus sinais, a morte como conseqüência de seu compromisso com o projeto do Pai e com os pobres que sempre defendeu, a ressurreição como confirmação do acerto da causa de Jesus e vitória da vida, agora plenamente realizada. E se sublinharam outros temas que mais diretamente se referiam à libertação e à condenação a todo tipo de dominação e espoliação dos outros, particularmente dos pobres. Curiosamente, os membros das CEBs, quando lêem a Bíblia, sentem, como por uma conaturalidade de mentalidade e de fé, que eles são os continuadores do Povo de Deus bíblico. O povo de ontem e o povo de hoje padecem as mesmas mazelas, conhecem os mesmos mecanismos de subjugação, alimentam as mesmas esperanças, crêem no mesmo Deus que escuta o grito do oprimido e que decide libertá-lo. Essa percepção é teologicamente correta, pois o destinatário da Palavra de Deus é sempre o povo vivo em cada geração, o e não apenas o primeiro a quem os hagiógrafos destinaram seus escritos. Como escrevemos acima, o método de leitura é aquele consagrado pela mais antiga tradição dos padres da Igreja: lê-se a inteira Escritura à luz da vida, e se submete a inteira vida à luz da Escritura. O texto da vida ajuda a entender o texto da Escritura; o texto da Escritura auxilia a entender o texto da vida, porque, antes de ser texto escrito, a Escritura foi experiência de fé e de encontro com o Deus que se revela.

A leitura comunitária da Bíblia feita nos milhares de círculos bíblicos e no próprio seio das CEBs fez com que o povo tomasse consciência de sua pobreza; descobriu também que Deus é contra essa pobreza que mata antes do tempo e oprime todo um povo; identificou igualmente o projeto de Deus na história, que é o povo vivendo em justiça, em fraternidade e em comunhão de bens. O causador do empobrecimento possui hoje um nome: é a besta-fera da ordem capitalista que tem seus faraós, seus falsos profetas e seus ídolos. Deus quer um sistema no qual o povo tenha vida e essa vida seja produzida pelo trabalho de todos, bem como sejam satisfeitas as carências básicas das pessoas.

Nessa articulação Palavra-vida e vida-Palavra surgiu uma espiritualidade de compromisso com a transformação da sociedade. A motivação subjacente é religiosa, nasce da fé inserida na contradição e na opressão. O resultado somente poderia ser uma espiritualidade de libertação da vida e da luta para garantir e consolidar a vida de todos.

As duas vertentes — a crítica à ordem capitalista como iníqua para as grandes maiorias e a leitura da Bíblia a partir da opressão — se conjugaram e propiciaram um novo perfil de cristão e um novo modelo de Igreja, afastada de sua aliança histórica com os setores dominantes e comprometida com os oprimidos. A Igreja-comunidade é vista pelos pobres como sua aliada; melhor, é majoritariamente constituída de pobres e de todos os que optaram pelos pobres (sua causa e suas lutas). Surgiu uma nova evangelização de tipo libertador, como antes era de tipo acomodador à ordem vigente; viver o evangélico implica promover a vida, pois Deus é o Deus da vida e o projeto de Jesus consiste em produzir abundância de vida; concretamente essa afirmação religiosa se desdobra em crítica aos mecanismos de morte e aos empecilhos à vida, configurados na ordem capitalista. O sentido religioso e evangélico do povo, alimentado nas CEBs, naturalmente se opõe ao sistema que produz morte ou encurtamento da vida das maiorias. O evangelho é político por ele mesmo, pois sua proposta critica o *statu quo* e demanda uma superação na linha da participação e da criação de condições de vida para todos. Essa espiritualidade está assimilada nos cristãos das CEBs e trouxe ao conjunto da Igreja uma notável renovação pastoral, teológica e espiritual.

Essa espiritualidade, nascida fundamentalmente da Bíblia, permitiu ao povo reassumir de forma criadora as devoções populares, como os atos penitenciais, as vias-sacras, os rosários, as procissões e os benditos. Os membros das CEBs retomam a tradição, filtram-na pelos critérios evangélicos, acrescentam-lhe novos conteúdos, mais ligados ao seguimento de Jesus, ao sentido ético de ser cristão e ao compromisso com a justiça a partir dos pobres.

Os cristãos apresentam alguns traços que convém enfatizar:

— Consideram-se *militantes*, quer dizer, o acento recai mais sobre o seguimento de Jesus, de Maria, dos apóstolos, dos comportamentos dos santos e santas do que sobre a mera devoção de suas virtudes e milagres. O militante cristão das CEBs se sabe portador do projeto do Reino no mundo e por sua prática coerente e comunitária se considera um operador da política de Deus na história (um significado militante de Reino).

— Consideram-se também *companheiros* de caminhada, quer dizer, a Igreja não é uma realidade totalmente acabada e feita de uma vez por todas, mas algo está sendo construído num processo comunitário, chamado sugestivamente de "caminhada eclesial". Os que andam pelo mesmo caminho são companheiros no seguimento de Jesus e companheiros também de outros que, mesmo não sendo cristãos, assumem a causa de Jesus ao quererem igualmente a transformação da sociedade numa sociedade de mais justiça e humanidade.

— Os cristãos das CEBs são *comprometidos* politicamente porque entendem a política como uma ferramenta de realização do Reino na sociedade e ao mesmo tempo como o campo onde devem ser resolvidos os problemas políticos: a opressão, a marginalização, a discriminação do negro, do indígena, da mulher e de outros estigmatizados.

— Os membros das CEBs são *ecumênicos*: além das diferenças doutrinárias com seu peso histórico, sentem que devem todos os cristãos unir-se na missão comum que é viver a dimensão libertadora do Evangelho em face dos pobres e injustiçados. Servindo a uma causa comum, muitas divergências se mostram irrelevantes e as convergências no essencial da fé cristã aparecem com mais nitidez.

5. Sujeitos novos na sociedade e na Igreja: mulheres, indígenas e negros

Na sociedade estão emergindo sujeitos históricos novos que eram comumente oprimidos e marginalizados segundo a ordem prevalente. Principalmente as *mulheres* estão reivindicando um tratamento de igualdade que supere o milenar patriarcalismo e machismo de nossas culturas. Na Igreja romano-católica elas se sentem juridicamente marginalizadas e sacramentalmente diminuídas pela recusa ao acesso às instâncias de decisão eclesial. De mais a mais, elas desenvolveram nos últimos anos significativa reflexão teológica crítica, dando conta de sua invisibilidade institucional e positivamente resgatando o lugar teológico da mulher para toda a teologia. Não se trata apenas de fazer uma teologia da mulher elaborada por mulheres; trata-se, muito mais, de redizer todo o conteúdo da fé cristã a partir da ótica da mulher, quer dizer, de seu ser feminino. Aí se descobre que Deus não é somente Pai, mas também Mãe, ou, superando uma linguagem sexista, Deus é Pai maternal e Mãe paternal; emerge com mais clareza que o ser humano é plenamente imagem e semelhança da Trindade na medida em que é homem e mulher e que tanto pelo masculino quanto pelo feminino Deus se comunica conosco e nós nos comunicamos com Ele.

Nas CEBs as mulheres encontraram um espaço de participação e de integração que lhes era obviado no modelo tradicional de Igreja. Grande parte dos coordenadores das CEBs são mulheres, muitíssimas delas conscientes de seu ser feminino e da contribuição positiva que dão, enquanto mulheres, para a comunidade eclesial e para a sociedade. A presença das mulheres na condução das comunidades introduz elementos importantes de ternura, de flexibilidade institucional e de sentido de proteção e promoção da vida que as mulheres, melhor do que os homens, podem eclesialmente expressar. As CEBs se fazem destarte lugar e espaço de humanização de homens e mulheres, a caminho da superação de discriminações em razão do sexo e na direção da integração e valorização por igual das diferenças.

No VIII encontro havia uma presença visível de *indígenas* brasileiros e latino-americanos. Eles representam, desde o começo da conquista por parte das potências ibéricas, um desafio à evangelização. Em primeiro lugar, eles são sobreviventes de uma das maiores hecatombes biológicas de que se tem notícia, pois a colonização significou desestruturação e, em muitos casos, destruição de suas culturas e de suas vidas; que haja ainda indígenas que resistam e que tenham consciência de sua identidade representa uma bênção de Deus para eles próprios e uma permanente má consciência para nós, descendentes dos invasores. Em seguida, as culturas indígenas nos mostram uma forma distinta de sermos humanos, de representarmos o mistério humano em suas múltiplas relações (para com a natureza, para com o poder, para com o sagrado etc.) e de conhecermos Deus que se revelou em sua história. São os indígenas que nos devem ajudar na evangelização das culturas, pois foram eles que acumularam experiências de resistência, de convivência e de assimilação de outras culturas, principalmente da nossa dominante. Na Igreja-da-base se criou um espaço onde os indígenas podem falar (pois a palavra lhes foi cassada durante séculos), expressar suas legítimas queixas contra a cultura branca dominadora, cantar sua gesta de luta e de libertação e expressar a fé como a puderam assimilar a partir das matrizes de suas culturas. Nas CEBs eles se sentem sujeitos da evangelização, e não apenas objetos; lançam-nos um desafio que não foi atendido adequadamente até os dias de hoje: que significa evangelizar na América Latina, que, em grande parte, não é latina, mas ameríndia? Até hoje prevaleceu a evangelização sob o signo da incorporação à cultura européia e do submetimento ao modo de produção capitalista; prolongando uma tradição que já existiu no século XVI com Las Casas, Montesinos, Sahagún e outros, devemos perseguir uma evangelização sob o signo da libertação que permita às culturas-testemunho (as culturas autóctones de nosso continente) solidificar sua autonomia e fazer a sua síntese com a mensagem evangélica, a partir de suas próprias categorias de significar a vida, o mundo e a história.

Por fim, nesse encontro intereclesial estavam presentes centenas e centenas de *negros* e *mulatos*. Eles se faziam presentes por suas músicas, ritmos e danças, mas fundamentalmente por uma viva consciência de sua situação de opressão e de busca de libertação. Todos temos um dever de justiça para com a raça negra, escravizada em nosso continente: reconhecer-lhes a cultura, a imensa gesta de resistência, a religião como o lugar privilegiado em que experimentaram a liberdade e a presença sacramental do Transcendente. Não se trata de incorporar alguns elementos da cultura negra em nossas celebrações; trata-se de lhes garantir o direito que nós, herdeiros da síntese romano-católica (fruto do imenso sincretismo da tradição judaica, helênica, romana e germânica e também da cultura moderna européia), tivemos outrora: de fazerem sua própria síntese a partir de suas formas de sentir, de interpretar e viver a totalidade da realidade, impregnando-a com a mensagem revelada. O que daí resultar será um tipo de catolicismo próprio da cultura negra, tão digno e legítimo como o catolicismo de vertente ocidental e branca.

Os negros terão uma imensa colaboração a dar na revelação das riquezas de Deus, pois talvez nenhuma raça tenha tão palpável a experiência do sagrado e da divindade como a raça negra, de uma maneira integral, corporal, mística e feminina. As CEBs são lugares nos quais esse ensaio inaugural está sendo elaborado, pois aí se dão as condições favoráveis para um confronto mais direto entre fé e existência negra, entre fé e opressão, fé e cultura da resistência. É promissor constatar que a grande maioria dos presentes mostrava os traços da raça negra, que, no Brasil, se eleva para 50 milhões, apenas inferior à do maior país africano, que é a Nigéria. As CEBs representam mais que uma eclesiogênese (gênese de uma Igreja): elas são lugares privilegiados em que os negros, historicamente escravizados e oprimidos, recuperam sua consciência, reforçam sua dignidade e se sentem povo amado do Pai.

6. Como sobreviver no inverno que se abateu em setores importantes da Igreja

Um pouco por todas as partes na Igreja do mundo inteiro e também no VII encontro intereclesial se ouvem os comentários sofridos acerca do refluxo da Igreja para posições anteriores ao Concílio Vaticano II, reforçando a clericalização da comunidade eclesial, dando alento a um certo eclesiocentrismo, em detrimento da abertura às grandes questões mundiais, esvaziando temas tão importantes como o da Igreja-povo-de-Deus, do ecumenismo e da legítima autonomia das realidades terrestres. Questões tão importantes como a libertação dos pobres; o compromisso da Igreja para com os direitos humanos, principalmente os direitos dos pobres; o fortalecimento da libertação da mulher, entre outros, devem ser continuamente defendidos e sempre de novo justificados, porque setores importantes da Igreja, seja da alta hierarquia, seja de movimentos católicos transnacionais (como Opus Dei, Comunione e Liberazione, Movimento Carismático, Neocatecumenato e outros), os atacam diretamente ou os assimilam de forma espiritualista e desmobilizadora. Há tendências visíveis também em grupos conservadores e até reacionários de nossa Igreja brasileira que denunciam de forma insistente a Igreja dos pobres, as Comunidades Eclesiais de Base, os círculos bíblicos, lançando suspeitas de politização e marxização da fé cristã e deixando os fiéis pobres inseguros e confusos. Alguns pronunciamentos em grandes veículos de comunicação são de um teor profundamente pessimista, expressão dos cavaleiros da triste notícia. Continuam ainda os processos doutrinais contra pessoas e projetos.

Muitos se perguntam: que fazer? Aprendemos das CEBs uma forma profundamente evangélica de enfrentar as dimensões de sombra que se projetam sobre o corpo eclesial. Em primeiro lugar, importa relativizar as questões: por mais graves que pareçam, nem de longe chegam à altura da gravidade dos problemas sofridos pelo povo em termos de luta pela sobrevivência, contra a fome, o desemprego, a doença e a perseguição política dos militantes dos movimentos populares que querem uma transformação da sociedade; essas questões possuem tal centralidade que tornam as demais questões intra-eclesiais menores e sem maior gravidade. Em seguida importa guardar a perspectiva pascal, tão recordada por tantos membros, profundamente sábios, das CEBs. Na Igreja como em qualquer outro organismo haverá sempre contradições, defecções, erros e até equívocos históricos de nefastas conseqüências. Tal situação pertence à normalidade de nossa história, não totalmente redimida ainda pela gesta libertadora de Cristo e do seu Espírito. A vida de Jesus constitui permanente referência: foi mediante a vivência concreta da perseguição, da tentação e da cruz que pôde mostrar sua fidelidade até no extremo abandono no calvário e assim propiciar a plena resposta do Pai, a irrupção solar da ressurreição. Sofrimento e libertação devem ser mantidos unidos como expressões do mesmo processo pascal. Na Igreja, como dissemos anteriormente, não há contradições excludentes e situações de absoluta irreconciliação, pois temos todos por base e por marco de referência comum o Evangelho de Jesus. Ele não é um texto, mas a história de uma vida que revelou a unidade tensa da morte e da ressurreição. Em razão dessa unidade, podemos dizer, como o poeta e místico Dom Pedro Casaldáliga: a alternativa cristã é essa, ou a vida ou a ressurreição. Essa convicção nos dá forças para sofrermos *com* a Igreja, *pela* Igreja, *por causa* da Igreja e também *nas mãos* da Igreja.

Depois que Jesus e os apóstolos nos mostraram o caráter libertador de todo sofrimento, não há mais razões para desanimarmos ou motivos para abandonarmos a Igreja. Ela é portadora, muitas vezes de forma indigna, de uma causa muito maior que ela: a consciência e a realização sacramental do Reino na história. Esse sonho de Jesus não pode permanecer apenas sonho. Ele deve ser fonte de permanente criatividade, de protestação contra a miséria deste século, de energias para o compromisso de libertação integral. A barca da Igreja pode estar sendo sacudida por ondas perigosas; as águas tormentosas podem começar a entrar em seu bojo; mas o Senhor, mesmo dormindo, aí está. E onde ele estiver, ainda que no meio do turbilhão, haverá sempre bonança e a certeza de que os ventos, apesar de contrários, conduzirão a barca pelo rumo certo.

Essa perspectiva espiritual nos é ensinada por tantos e tantos membros das CEBs que confortam seus pastores, reanimam agentes desiludidos e dão lições de sapiência a muitos teólogos. Eles nos testemunham a verdade daquilo que nosso poeta maior, Camões, recitou em momentos ameaçadores:

> Depois de procelosa tempestade
> Sombria noite e sibilante vento
> Traz a manhã serena claridade
> Esperança de porto e salvamento.

É nessa certeza, resultado de uma promessa divina, que navega o barco da Igreja dos pobres, tão bem revelada nos vários encontros intereclesiais.

Capítulo VII

A COLEGIALIDADE DE TODO O POVO DE DEUS: UMA INTERROGAÇÃO A PARTIR DA PRÁTICA

Fatos justificativos como o VII Encontro Intereclesial de CEBs em Trindade, no Estado de Goiás (Brasil Central), em julho de 1987, fazem os teólogos pensarem. Aí havia a fusão entre hierarquia e povo, entre teólogos e demais assessores, agentes de pastoral e cristãos da base. As características comunitárias da Igreja sobressaíam sobre aquelas societárias. Em outras palavras: todos sentiam-se membros da mesma caminhada de fé no meio dos pobres, os vários ministérios eram verdadeiros serviços ao todo, assim os coordenadores, os bispos, os presbíteros, os cantadores, os organizadores dos trabalhos; a comunhão era fundamentalmente cordial, confraternizando a todos, até os representantes estrangeiros entre os quais se contava o cardeal de Utrecht Adrianus Simonis; a comunhão hierárquica obedecia à comunhão cordial; parecia que o ideal dos Atos dos apóstolos deixava de ser um mito das origens, mas, por um momento, se tornava um acontecimento histórico: "a multidão dos fiéis era um só coração e uma só alma" (At 4,32). A originalidade deste evento reside exatamente nisto; aqui não se encontravam somente bispos em assembléia, ou cardeais em consistório ou religiosos em capítulos gerais, quando é freqüente este sentimento de fusão espiritual; encontrava-se todo o Povo de Deus na diversidade de suas funções, ministérios e serviços, desde simples fiéis, homens e mulheres, coordenadores de comunidades, agentes de pastoral (presbíteros e religiosos/as), até bispos, arcebispos, um cardeal e, mediante seu telegrama enviado ao Encontro, o próprio Papa. Era impressionante ver na "fila do povo" (aqueles que queriam falar em plenário) bispos e arcebispos, aguardando a sua vez de dirigir a palavra ou de fazer sugestões ao documento final, no meio de homens e mulheres que também iriam participar da profecia, da homilia, do comentário ou da discussão. Não é sem significado ver um cardeal na fila da comida, entre um indígena e um negro, todos membros e participantes do Encontro, esperando a sua vez de ser servido, e podia-se ver um arcebispo lavando como outros seu prato na bica de água comunitária. São apenas sinais de uma vivência distinta de Igreja, mais comunidade que sociedade, mais de serviço que de poder hierarquicamente distribuído.

Diante dessa realidade alguém poderia, quase espontaneamente, pensar: se todos aqui são Igreja-Povo-de-Deus, se a Igreja-comunidade mostra nesse Encontro seu verdadeiro rosto, não se poderia dizer que existe também uma colegialidade de todo o Povo de Deus, no sentido dado em 1969 por Paulo VI, de co-responsabilidade (AAS 1969, p. 718)? A "comunhão hierárquica", todos concordam, não pode ser reduzida a uma estrutura jurídica nem, em seu exercício concreto, limitada à Hierarquia. Todos possuem sua porção de responsabilidade na Igreja, desde os simples batizados até o Papa. Por isso se diz que a comunhão é "hierárquica": pelo fato de as responsabilidades serem distintas e escalonadas no nível de todo o Povo de Deus. A caridade coletiva não padece limites. Essa caridade, na unidade da fé, deve informar a comunhão hierárquica de toda a Igreja, "corpo bem unido e ordenado, dotado de uma co-responsabilidade que combine os diversos graus das funções hierárquicas e os dons espirituais" (Paulo VI, audiência de 29 de outubro de 1969: AAS, 1969, p. 718).

Como se depreende, na comunhão hierárquica e na co-responsabilidade de todos, não se trata apenas dos vários graus hierárquicos, mas também dos vários dons espirituais com que o Espírito orna a comunidade. Esta comunidade vive de um dado ontológico: a comunhão com Deus e com os irmãos e irmãs; é a comunhão que constitui a comunidade. Por causa da comunhão, todos na comunidade são igualmente dignos e convocados a participar ativamente. Quando os cristãos atuam na comunidade, atuam colegialmente, quer dizer, um atendendo o outro, fazendo com que a responsabilidade seja sempre co-responsabilidade no campo do anúncio (profecia), da organização (dimensão régia) e da celebração (sacerdócio). Essa co-responsabilidade ganha formas diversas de expressão; a mais conhecida delas é a que se realiza no colégio dos bispos que junto com o Papa tem a condução oficial de toda a Igreja. Vejamos com mais detalhe a vinculação entre comunhão-comunidade-colegialidade.

1. Comunhão-comunidade-colegialidade

A comunhão constitui uma palavra-chave de toda e qualquer compreensão do mistério cristão e da realidade teológica da Igreja. Há uma comunhão entre todos os fiéis (*koinonia*) porque todos pela fé e pelo sacramento participam da natureza divina (2Pd 1,4), do Pai (1Jo 1,3), do Cristo (1Cor 1,9), do Espírito (2Cor 13,13; Fl 2,1), do Corpo e do Sangue do Senhor (1Cor 10,16). Essa comunhão está na raiz da comunidade como aquele grupo de pessoas que se encontram por causa da mensagem da fé que nos revela a comunhão de Deus conosco e de todos os fiéis com Deus. Essa comunidade se sente enviada a expandir-se e a envolver mais pessoas: "O que vimos e ouvimos, nós também vos anunciamos a fim de que também vós vivais em comunhão conosco" (1Jo 1,3). A própria palavra *comunidade* nos garante essa perspectiva de missão; como é sabido, comunidade não deriva de comum unidade (*cum unio*), mas do adjetivo latino *communis* (*cum munis*; *munis* é adjetivo de *munus* que significa cargo; conhecemos a palavra *immunis*, imune) que quer dizer "possuir um cargo em comum" ou "desempenhar uma tarefa comunitariamente". Em outras palavras: todos na comunidade possuem a responsabilidade comum de viverem a partir da comunhão com Deus e com os outros todos, são co-responsáveis para que a comunhão divina se traduza na comunhão humana. Assim ninguém na comunidade é passivo e mero beneficiário dos dons divinos; por causa da comunhão cada um é ativo e criador da substância da comunidade na medida em que se insere na comunidade de fé e a expande dentro da sociedade.

A comunhão não se dá apenas no interior da comunidade, mas também entre as várias comunidades. A comunhão de todas as Igrejas constitui a Igreja universal. De tudo o que referimos resulta claro que a comunidade se deriva da vivência permanente da comunhão de Deus com os homens e as mulheres, e desses com Deus. A comunhão é a realidade mais íntima da Trindade, fazendo das três Pessoas divinas um só Deus.

Palavra aparentada com comunhão-comunidade é *colégio*. Jesus reuniu ao redor de si os primeiros seguidores, para que participassem de sua vida e missão (conferir Mc 3,13-19; Mt 10,1-42). O Vaticano II observa que foram instituídos "à maneira de um colégio ou grupo estável" (*Lumen Gentium* 19). Esse grupo formou uma comunidade de iguais, com Pedro à frente (conferir Jo 21,15-17). O importante consiste em entender a comunidade primitiva dos seguidores como um colégio ou grupo, e não como indivíduos considerados separadamente. Por essa razão, o Novo Testamento os chama com freqüência de "os Doze", sem especificar que se trata de apóstolos. O decisivo era enfatizar o caráter comunitário e grupal, o número Doze (conferir 1Cor 15,5; At 6,2; Jo 6,67-71; Lc 8,1; 9,1; 18,31; 22,3; Mc 3,14.16; 4,10; 11,11; 10,10.17.20.43; Mt 11,1; 20,17; 26,14.30) que possuía, na mentalidade bíblica, um forte conteúdo simbólico: a reunião das doze tribos de Israel, a reunificação da humanidade, a constituição da comunidade messiânica ao redor do Messias (que é um conceito coletivo). Posteriormente, participando da missão de Jesus e sendo enviados por Ele, foram denominados apóstolos (os enviados, em grego). Podemos considerar esse grupo estável ao redor de Jesus a semente da Igreja-comunidade-comunhão. Efetivamente, nas CEBs essa pequena comunidade dos Doze é tida como protótipo de toda comunidade eclesial e de toda a Igreja. Tanto os Doze quanto a Igreja primitiva dos Atos dos apóstolos (At 2,42-47; 4,32-37) constituem fontes de inspiração para a constituição das comunidades atuais: todos, irmãos e irmãs, iguais, com funções distintas mas sem originar desigualdades. A Igreja de hoje é entendida, pelos cristãos das bases, como a continuação e expansão daquilo que o próprio Senhor havia constituído. Dessa forma o caráter comunitário da Igreja é garantido desde as origens. Com isso não se desconhece o privilégio dos Doze *apóstolos* e sua função de animação e condução, mas a partir da comunidade eclesial e sempre em função servicial da comunidade. Muito bem o disse o Sínodo Extraordinário dos Bispos pelos 20 anos do Vaticano II: "A eclesiologia de comunhão é o fundamento para a ordem na Igreja" (C,1). Se a Igreja significa um prolongamento do colégio dos Doze (comunidade primordial), então toda ela encerra também um caráter colegial. O ser comunitário é o próprio ser mais profundo da Igreja. O caráter colegial designa o operar desse ser comunitário. A colegialidade designa a Igreja-comunhão-comunidade em ação, todos assumindo suas tarefas (carismas) de forma co-responsável "em vista do bem comum" (1Cor 12,7).

Estamos habituados a concentrar a colegialidade somente no corpo episcopal. Na Igreja antiga, como por exemplo em São Cipriano († 258), há uma interioridade entre bispo e comunidade, assim como existe uma interioridade entre a Igreja universal e a Igreja local: "Deves entender que o bispo está na Igreja e a Igreja no bispo" (*Epistula* 66,8). A colegialidade dos bispos não está dissociada da colegialidade das igrejas; a unidade do corpo episcopal possui sua correspondência na unidade dos fiéis que eles animam e conduzem (conferir *Epistula* 68,3-4; *De unitate* 5,1).

A colegialidade (o termo nunca é usado pelo Vaticano II, mas apenas *collegium*) encontra suas formas de atuação no sínodo dos bispos, no colégio cardinalício, nas conferências episcopais (veja o discurso do Papa aos bispos do Brasil, em 10 de julho de 1980, em Fortaleza, n. 870: "As conferências episcopais como expressão peculiar e órgão particularmente apropriado da colegialidade"), nas viagens apostólicas do Papa, nas visitas "ad limina Apostolorum", na cúria romana (conferir A. Garuti, *La collegialità oggi e domani*, Bolonha, 1982, p. 18-48). Comumente se diz que a colegialidade dos bispos assume duas dimensões estreitamente ligadas: a colegialidade *afetiva* e a *efetiva*. A colegialidade afetiva expressa a comunhão fraterna, a cordialidade evangélica que deve reinar entre todos os bispos, a preocupação pelo destino de toda a caminhada da Igreja universal e de cada uma das Igrejas particulares. A colegialidade efetiva é constituída pelos atos e iniciativas que o corpo episcopal implementa para animar, conduzir e consolidar as comunidades eclesiais em fé, em sua união e em sua missão no mundo, normalmente, de acordo com as expressões elencadas acima.

Entretanto, essa concentração da colegialidade no corpo episcopal não nos deve fazer esquecer a colegialidade de toda a Igreja-comunhão-comunidade. Cabe recordar a frase famosa de Santo Agostinho escrita no fragor das polêmicas em que comumente estava metido: "Os bispos, nós não o somos para nós mesmos, mas para aqueles aos quais devemos transmitir a palavra e o sacramento do Senhor. Assim consoante as exigências daqueles que devemos dirigir, sem lhes causar escândalo, devemos ser e não ser, porque não existimos para nós, mas para os outros" (*Contra Cresconium* II, c. 11, n. 13: PL 43, 474). A perda de equilíbrio dentro da Igreja, concentrando poderes só de um lado e depotenciando os demais cristãos, ameaça o caráter comunitário da Igreja. Ela não deixará de encerrar a comunhão divina que é dom da Trindade, mas encontra obstáculos em expressar essa comunhão na forma a ela adequada que é a comunidade, reflexo "da Trindade que é a melhor comunidade" (um dos lemas do VI Encontro Intereclesial de Trindade). O maior eclesiólogo do século XIX, J.A. Moehler, escreveu com fina percepção: "Dois extremos são possíveis na vida da Igreja e os dois expressam o egoísmo. Isso ocorre quando *cada um* quer ser tudo ou quando *um só* quer ser tudo. Neste segundo caso, os laços de unidade tornam-se tão estreitos e o amor tão ardente que corremos o risco de morrer sufocados. No primeiro caso, tudo é tão deslocado e é tão frio que corremos o risco de congelar. Um egoísmo engendra o outro. Então, nem um só nem cada um devem querer ser o todo. Todos juntos podem ser o todo, pois somente a unidade de todos pode formar um todo orgânico. É nisto que consiste a idéia da Igreja católica" (*A unidade na Igreja*, Paris, 1938, p. 225-226). Todos, portanto, participam da colegialidade, cada um em sua forma própria, porque a colegialidade é uma nota essencial de toda a Igreja-comunhão-comunidade.

2. Expressões concretas da colegialidade nas CEBs

Com boa razão teológica afirma-se na relação final do Sínodo Extraordinário de 1985: "A eclesiologia de comunhão oferece o fundamento sacramental da colegialidade. Por isso a teologia da colegialidade se estende para além de uma consideração jurídica" (C. 4; o mesmo dizia a Nota Explicativa prévia número 1 da *Lumen Gentium*: "O colégio não se estende um sentido estritamente jurídico"). O texto do Sínodo se referia somente à colegialidade dos bispos; nós aqui alargamos o conceito para a totalidade da Igreja.

    Pela fé e pelo batismo cada fiel é inserido no mistério de Cristo. Participa dos três serviços fundamentais com os quais o Senhor realizou sua missão no mundo: a profecia (palavra e testemunho), o sacerdócio (celebrações e oração) e o reinado (organização e dilatação da Igreja). Essa inserção permitia, na Igreja antiga, uma participação atuante dos batizados nas decisões da Igreja. Assim, por exemplo, a *Tradição Apostólica* de Hipólito (por volta de 250) diz no número 2 que "o bispo a ser ordenado seja eleito por todo o povo". O mesmo dizem as *Constituições Apostólicas* (VIII, 4,2). Para São Cipriano uma eleição episcopal sem o sufrágio do povo é ilegítima (*Epistula* 67,5). Ainda em 1049 o concílio de Reims estipulava: "Que ninguém seja promovido ao governo eclesiástico sem ser eleito pelo clero e pelo povo". A colegialidade do Povo de Deus se expressava, portanto, num ponto do qual, posteriormente, ele foi excluído: a ajuda na escolha dos bispos que todos deviam obedecer, e cujas orientações devem acolher. Valia, literalmente, o adágio antigo: "Tudo o que diz respeito a todos, deve poder ser escolhido e decidido por todos".

Nas CEBs se verifica atualmente uma participação e co-responsabilidade nos quatro eixos que sustentam todo o edifício eclesial: no nível do anúncio, no nível das celebrações, no nível da missão e no nível da coordenação.

No nível do *anúncio* os membros das CEBs se apropriaram da palavra, pois lêem e comentam as Escrituras no espírito eclesial e da comunidade; pregam nas celebrações, proferem palavras de consolação e de animação nos encontros, testemunham sua fé na vida quotidiana e nos locais de trabalho. Há aqui uma assunção renovada da profecia.

No nível das *celebrações* mostram-se altamente criativos. Assumem funções nas liturgias, montam celebrações comunitárias de distinto gênero (penitencial, de ação de graças, de recordação dos mártires populares, vias-sacras e, na Quinta-Feira Santa, a dramatização do lava-pés e da Ceia do Senhor), reinterpretam de forma inovadora tradições devocionais como o rosário, as ladainhas, os benditos, as rogações e as vias-sacras. Mesmo na celebração da Eucaristia sabem ritualizar a liturgia da Palavra, a procissão das ofertas e a ação de graças. Trata-se sempre não tanto de realizar um rito, mas de celebrar a vida de fé, vivida em comunidade.

No nível da *missão*, círculos bíblicos; implantam novas comunidades eclesiais; criam grupos de oração/reflexão/ação; fazem missões populares; organizam encontros de aprofundamento da fé confrontada com os desafios da sociedade, particularmente dos pobres; criam sindicatos autênticos, impregnados da visão cristã das relações sociais; empenham-se nos grupos de ação, justiça e paz na defesa e promoção dos direitos humanos. Em outras palavras, assumem a missão de serviço aos outros, particularmente a missão social da Igreja junto com outros agentes de pastoral e os bispos.

No nível da *coordenação* são homens e mulheres que, geralmente, em forma colegiada, assumem a animação e a condução de toda a comunidade. Nesse campo se desenvolveu uma pedagogia comunitária na linha de participação de todos os membros da CEB. Todos os assuntos são apresentados à comunidade e discutidos por todos até se chegar a um consenso. Ouvem-se todas as pessoas e fazem-se as revisões para ver se as decisões tomadas e assumidas comunitariamente foram cumpridas. Não é raro que representantes das CEBs participem de assembléias presbiterais e diocesanas, nas quais se definem as metas e os passos da pastoral. Não são raros os casos nos quais um grupo de representantes das CEBs coordena, em nível de diocese, certas linhas de pastoral, como aquela referente às periferias, à mulher marginalizada, aos presos, aos direitos humanos e à pastoral do mundo do trabalho. Os caminhos estão se abrindo. Até onde poderão chegar? Pode-se postular um desenvolvimento da participação dos batizados a ponto de, junto com os bispos, em nível de Conferência Nacional, ajudarem a decidir os caminhos da Igreja na sociedade? Bases teológicas suficientes existem, a despeito da força das tradições clericais, tendentes a limitar a participação dos batizados, por lhes faltar o sacramento da Ordem. Dias virão em que o Espírito soprará tão fortemente na Igreja a ponto de fazê-la realmente uma comunidade de irmãos e irmãs, com funções distintas, mas sem desigualdades estruturais, todos seguidores do Servo Jesus e ouvintes de seu Espírito na diaconia libertadora do mundo, a começar pelos pobres.

Então a colegialidade de todo o Povo de Deus ganhará toda a sua força de expressão: todos participarão de alguma responsabilidade na Igreja; o Evangelho da fraternidade e da "sororidade" será a grande força promotora da Igreja-toda-comunidade a serviço do Reino na história. A colegialidade mostrará distintos níveis de expressão: a começar na pequena Comunidade de Base, com seus coordenadores e distintos serviços; na paróquia; na diocese; na conferência dos bispos; nos sínodos, nos quais estarão representantes de todo o Povo de Deus, homens e mulheres; no próprio governo da Igreja romana que possui o serviço da unidade (encabeçado pelo Papa) de todas as Igrejas do mundo.

Capítulo VIII

IGREJA: HIERARQUIA OU POVO DE DEUS?

As reflexões feitas até aqui demandam um aprofundamento da relação entre Hierarquia e Povo de Deus. Essa questão é a toda a hora suscitada nas reflexões das CEBs. Convém que coloquemos, pelo menos, o estado da questão visando a clarificar os conceitos e ver as mútuas implicações.

As pesquisas histórico-teológicas[1] feitas com grande cuidado e detalhe constataram inequivocamente no Concílio Vaticano II (1962-1965), especialmente no documento sobre a Igreja, *Lumen Gentium*, há o confronto de dois paradigmas eclesiológicos — o da

---

[1] Conferir A. Acerbi, *Due ecclesiologie. Ecclesiologia giuridica ed ecclesiologia di comunione nella Lumen Gentium*, Edizioni Dehoniane, Bolonha, 1975; H. Holstein, *Hiérarchie et Peuple de Dieu d'après Lumen Gentium*, Beauchesne, Paris, 1970; H. Pottmeyer, "Continuità e innovazione nell'ecclesiologia del Vaticano II", *in L'ecclesiologia del Vaticano II: dinamismi e prospettive* (a cura di G. Alberigo), Edizioni Dehoniane, Bolonha, 1981, p. 71-95; A. Antón, "Ecclesiologia postconciliare: speranze, risultati e prospettive", *in Vaticano II, Bilancio & Prospettive venticinque anni dopo 1962-1987*, Cittadella Editrice, Assisi; L. Boff, "Die Kirche als Sakramentim Horizont der Welterfahrung", *in Anschluss an das II Vatikanische Konzil*, Bonifatius Druckerei, Paderborn, 1971.

Igreja-sociedade e o da Igreja-comunidade; inequivocamente há a presença de uma eclesiologia jurídica (Igreja sociedade hierarquizada) ao lado de uma eclesiologia comunial (Igreja comunidade). Esse confronto representa duas tradições históricas que vêm do passado e que dividiram os padres conciliares e continuam a dividir mentes e corações da Igreja até os dias de hoje, sem uma perspectiva fecunda de síntese.

O primeiro paradigma — Igreja-comunidade — predominou no primeiro milênio; o outro — a Igreja-sociedade — prevaleceu no segundo milênio. Como será a articulação no terceiro milênio?

Os textos da fase preparatória e da primeira sessão do Concílio se caracterizaram pela afirmação da Igreja-sociedade.[2]

Na segunda sessão conciliar emergiu o paradigma da Igreja-comunidade, o qual e prevaleceu no momento da revisão de todo o esquema da *Lumen Gentium*.[3]

Na terceira e última sessão, entretanto, reorganizaram-se os adeptos de cada modelo. Deu-se um forte embate dos dois paradigmas. Por não se chegar a um consenso, encontrou-se uma solução tipicamente católica: a manutenção de ambos, mantidos justapostos. Fez-se, como veremos, um frágil intento de articulação e de síntese entre o modelo societário e o modelo comunial com o termo *communio hierarchica*: comunhão hierárquica.

Mas no decorrer das discussões houve dois rearranjos significativos, acolhidos no texto definitivo do documento sobre a Igreja (*Lumen Gentium*), que poderiam abrir espaço para uma possível síntese futura.

Em primeiro lugar, colocou-se como capítulo inaugural uma reflexão sobre a Igreja como sacramento-mistério; trata-se de uma visão eminentemente teológica, nos quadros de uma visão trinitá-

---

[2]Conferir os textos e o histórico *in* A. Acerbi, *Due ecclesiologie, op. cit.*, p. 107-237; conferir os textos nas várias fases de produção e discussão *in* G. Ghrilanda, *Hierarchica Communio*, Università Gregoriana Editrice, Roma 1980, p. 435-650.
[3]Conferir A. Acerbi, *Due ecclesiologie, op. cit.*, p. 239-437.

ria, histórico-salvífica e de Reino de Deus. Essa visão quer superar, de saída, as tensões dos modelos históricos de realização da Igreja e afirma o seu significado permanente como sinal e instrumento (=sacramento-mistério) de salvação.

Em segundo lugar, fez-se uma inversão na ordem dos capítulos: o segundo capítulo — a constituição hierárquica da Igreja, em especial o episcopado — tornou-se o terceiro, e o terceiro — o Povo de Deus — passou a ser o segundo. Essa transposição é da maior importância porque dá prioridade ao Povo de Deus sobre a estrutura hierárquica. Essa é funcionalizada como serviço ao Povo de Deus. Ademais, a categoria Povo de Deus confere à Igreja um caráter histórico, de construção aberta, peregrina no tempo, em companhia de outros povos que também caminham para Deus. Resgata outrossim a dimensão bíblica de Igreja na perspectiva de aliança e de missão.

Qual é a relação entre a Hierarquia e o Povo de Deus? Aqui emergem as tensões, pois se trata de duas opções de difícil convergência. Em certos setores dominantes da Igreja, elas são colocadas como irredutíveis e fonte de permanente conflito teórico e prático.[4] Lê-se a categoria Povo de Deus à luz da categoria Hierarquia e assim se desfaz a novidade introduzida pelo Vaticano II.

Nós somos da opinião de que é possível uma síntese, na linha do Vaticano II, mas à condição de se superar uma leitura substancialista do poder na Igreja. Vejamos as razões que nos permitem esse otimismo.

1. Toda a Igreja, clérigos e leigos, são Povo de Deus

Os padres conciliares fizeram bem em colocar antes da Hierarquia a realidade do Povo de Deus. A categoria Povo de Deus tem a vanta-

---

[4]Conferir os estudos in *Vaticano II Bilancio & Prospettive venticinque anni dopo 1962-1987* em dois volumes op. cit., nota 1; E. L. Doriga, *Jerarquía, Infalibilidad y Comunión intereclesial*, Herder, Barcelona, 1973.

gem de englobar todos os fiéis antes de qualquer diferenciação interna (cléricos e leigos). Articula o sacerdócio comum e o sacerdócio ministerial no único sacerdócio de Cristo (LG 10). Embora os batizados formem o Povo de Deus *messiânico*, todos os povos, porque estão sob o arco-íris da graça divina, de alguma maneira, são Povo de Deus (LG 9 e 13). Com densidades diferentes, o Povo de Deus se realiza também nos cristãos não-católicos e nas religiões do mundo; até os ateus de boa vontade, que levam uma vida reta, não estão fora de sua esfera (LG 16).

Nesse horizonte, pode-se entender por Povo de Deus o conjunto de todos os portadores de graça, embora em distintos graus de inserção na realidade teológica daquilo que chamamos "Igreja" (LG 14-16). Poder-se-ia pensar que a humanidade redimida e que acolhe a graça por meio de uma vida justa constituiria o grande Povo de Deus.[5] Formalizando a reflexão, baseada no Vaticano II, podemos dizer: a humanidade como um todo forma o Povo de Deus à medida que se abre à visitação divina. A Igreja em sua institucionalidade histórica seria o *sacramento* (sinal e instrumento) do Povo de Deus e emergeria assim como Povo de Deus *messiânico*.

Toda a concepção do Vaticano II acerca do Povo de Deus é perpassada pela exigência de participação e de comunhão de todos os fiéis no serviço profético, sacerdotal e real de Cristo (LG 10-12), que se traduz na inserção ativa nos vários serviços eclesiais e nos carismas dados para a utilidade comum (LG 12). Esse Povo de Deus ganha corpo nas Igrejas particulares e nas próprias culturas cujos valores e costumes são assumidos (LG 13). A despeito das diferenças, "reina contudo entre todos verdadeira igualdade quanto à dignidade e ação comum a todos os fiéis na edificação do Corpo de Cristo"(LG 42).

---

[5]Conferir as pertinentes reflexões de K. Rahner, Volk Gottes, in *Sacramentum Mundi* IV, col. 1196-1200; conferir L. Boff, "Que significa teologicamente Povo de Deus e Igreja Popular", in *E a Igreja se fez povo*, Petrópolis, Vozes, 1986, p. 39-55.

A idéia de Povo de Deus exige participação consciente, organização comunitária ao redor de um projeto comum, igualdade entre todos, unidade nas diferenças e comunhão de todos com todos e com Deus. Como se trata de um Povo e não de uma massa, existem órgãos de direção e de animação. Mas eles surgem de dentro do Povo de Deus; não estão acima nem fora, mas dentro e a serviço do Povo de Deus. Uma Igreja em que, por exemplo, os leigos não podem participar no poder sagrado; as mulheres estão *a limine* excluídas dele, nem têm a palavra na comunidade; as decisões se concentram no corpo clerical, não pode, realmente e sem metáfora, chamar-se Povo de Deus. Faltam a participação, a igualdade e a comunhão mínimas sem as quais não surge a realidade de Povo de Deus, mas de uma massa informe de fiéis, fregueses de um centro de serviços religiosos e consumidores privados no mercado de bens simbólicos.

Povo de Deus somente é uma definição concreta de Igreja, e não uma metáfora, se for o resultado de uma rede de comunidades em que os fiéis participam, distribuem entre si as responsabilidades e vivem a realidade da comunhão.

2. A Igreja, sociedade hierarquizada de poder sagrado

O outro paradigma de Igreja se encontra no terceiro capítulo da *Lumen Gentium* que concerne à Hierarquia e em especial ao Episcopado. Aqui se articula outro tipo de reflexão que é um corpo paralelo ao anterior do Povo de Deus. O eixo não é a comunidade e o Povo de Deus, mas Cristo e Hierarquia num sentido jurídico. A categoria poder sagrado (*sacra potestas*) organiza a compreensão eclesiológica tomando como modelo as relações que uma sociedade possui com seu fundador. Por isso o paradigma referencial é Igreja-sociedade. Cristo, fundador da Igreja, transmite todo o poder aos Doze cujo ministério é "apascentar e aumentar sempre o Povo de Deus" (LG 18), ensinando, santificando e governando (LG 25-27). O colégio apostólico transmite o poder recebido a seus sucessores em linha histórica ininterrupta. Esse poder sagrado se encontra em plenitude no Papa, e no colégio apostólico reunido se distribui, em forma de cascata e hierarquicamente, aos bispos, aos presbíteros e aos diáconos. Todos eles recebem esse poder sagrado pelo sacramento da Ordem, formando um corpo especial (*corpus clericorum*) distinto do outro corpo, dos leigos (*corpus laicorum*: LG todo capítulo IV).

Esse modelo de Igreja mais que uma eclesiologia é uma hierarquiologia. Os membros da Hierarquia têm tudo; os fiéis, em termos de poder, não têm nada, exceto o direito de receber. A Hierarquia produz todos os valores religiosos (no nível da palavra, do sacramento e da direção) para os fiéis consumirem. Trata-se de uma sociedade religiosa profundamente desigual, monárquica e piramidal. Ela prolonga a visão eclesiológica do Vaticano I, centrado no poder supremo do Papa, agora no Vaticano II completada com a visão do Bispo que representa o Papa e do presbítero que, por sua vez, representa o Bispo (LG 28).

Dois pontos tornam, teologicamente, problemática essa visão. O ministério é concebido de acordo com uma ontologia substancialista, como se diz claramente na nota prévia à *Lumen Gentium* (n.10b). O próprio sacerdócio ministerial "não é apenas de grau mas de essência diverso" (id. ib) daquele dos simples fiéis. A desigualdade não é mais de funções, mas de realidade. O corpo eclesial, segundo essa visão, é constituído por duas fracções que comprometem a unidade da Igreja. Coerentemente afirma o Papa Gregório XVI (1831-1846): "Ninguém deve desconhecer que a Igreja é uma sociedade desigual, na qual Deus destinou a uns como governantes, a outros como servidores. Estes são os leigos, aqueles são os clérigos."[6] Os princípios eclesiológicos que subjazem a essa afirmação se encontram, por inteiro, no capítulo III da *Lumen Gentium*.

---

[6]Citado por M. Schmaus, *Der Glaube der Kirche*, Bd. II, München, 1970, p. 102.

Também coerentemente proclamou o cardeal Joseph Ratzinger no Congresso Mundial dos Movimentos Eclesiais em Roma de 27-29 de maio de 1998: "A instituição da Igreja se baseia no ministério da Ordem que é a única estrutura permanente vinculante que a constitui como instituição; esse ministério é antes de tudo um sacramento, i.e., recriado cada vez por Deus."[7]

Aceita essa visão, surge a pergunta: Como ela se articula com a afirmação tão central do I capítulo da *Lumen Gentium* (n. 4) e no Decreto sobre o Ecumenismo (n. 2), nos quais se afirma que a unidade da Igreja encontra seu modelo supremo e seu princípio estruturador na unidade da Trindade, que é sempre unidade de três Pessoas divinas, as quais, diversas, vivem em eterna igualdade de natureza e de comunhão? O que é erro em teologia trinitária não pode ser verdade em teologia eclesiológica. Toda Hierarquia e toda subordinação na Trindade são erros. Mas não são erros, porém ortodoxia, a Hierarquia e a subordinação na Igreja. Essa contradição é teologicamente insustentável.

Esse tipo de eclesiologia representa a ideologia dos que detêm o poder na Igreja. Ela é demasiadamente contraditória para criar comunhão e participação entre todos os fiéis. Ela legitima de forma perversa a marginalização dos leigos e a exclusão das mulheres. Ela representa um estado patológico que deve ser sanado por uma visão mais conforme à utopia de Jesus (conferir Mt 23,8-12) e mais bem fundada teologicamente.

3. Uma ponte quebrada: a comunhão hierárquica

O problema foi percebido pelos padres conciliares. Por isso no Vaticano II se introduziram as modificações que analisamos anteriormente, sem, contudo, invalidar a interpretação societária. Mas existe nos textos conciliares uma categoria que poderia servir de

---
[7]Citado em *Adista* de 15 de junho de 1998, p. 6.

ponte entre a visão societária e a visão comunitária: a *communio*. Três níveis de comunhão (*communio*) são visualizados: a comunhão eclesial (ou espiritual) que atende aos vínculos entre os batizados e entre as várias igrejas particulares; a comunhão eclesiástica que é constituída pelo ligame entre as várias igrejas locais com a Igreja de Roma; e por fim, a comunhão hierárquica que significa o vínculo estrutural e orgânico entre todos os membros da Hierarquia entre si e de todos com a Cabeça, o Papa.

Essa última forma de comunhão, a hierárquica, é a decisiva, pois, segundo Gianfranco Ghirlanda, que estudou minuciosamente o tema, "é a chave de interpretação da eclesiologia proposta pela *Lumen Gentium*".[8] A razão principal reside nisso: é a Hierarquia que cria pela palavra e pelo sacramento o Povo de Deus. Sem a Hierarquia não haveria Povo de Deus, não haveria comunidade eclesial. Aqui fica claro que Hierarquia se entende fora e acima do Povo de Deus, pois é seu originador e seu condutor.

A expressão *communio hierarchica* foi pensada para ser ponte entre os dois tipos de eclesiologia. Tomou da eclesiologia do Povo de Deus a categoria *communio* e da eclesiologia jurídica a categoria hierárquica. Ocorre que são termos que rejeitam de se unir. A comunhão não tolera hierarquias. Ela é o nome para a igualdade, a livre circulação da vida e do serviço entre todos. A Hierarquia, entendida de forma substancialista como é nesse tipo de eclesiologia, introduz uma ruptura na comunhão, pois estabelece a desigualdade. A única Hierarquia válida é aquela de funções, pois nem todos podem fazer tudo. Dividem-se as tarefas e serviços, mas sem quebrar a unidade de base em que todos são iguais e parceiros dentro da comunidade.

A expressão *communio hierarchica* representa uma ponte quebrada; ela não une o que deveria unir: Povo de Deus e Hierarquia de serviços e dons.

---

[8]Conferir G. Ghirlanda, *Hierarchica Communio*, op. cit., p. 428.

… Eclesiogênese: a reinvenção da Igreja 131

4. Uma visão coerente de Igreja comunidade de pessoas, de dons e de serviços

Para realizarmos uma ponte entre Povo de Deus e hierarquia precisamos partir do mínimo do mínimo, sem o qual não há Igreja. Esse mínimo é a definição real e não metafórica de Igreja como *communitas fidelium*. A Igreja não é inicialmente um corpo sacerdotal que cria comunidades, mas é a comunidade daqueles que responderam com fé à convocação de Deus em Jesus por seu Espírito. A rede dessas comunidades forma o Povo de Deus, pois o Povo de Deus resulta de um processo comunitário e participativo. Do seio da comunidade surgem as várias funções: algumas de caráter permanente, como a necessidade de anunciar, de celebrar, de atuar no mundo, de criar coesão e unidade dos fiéis e dos serviços; surgem, então, serviços de natureza mais institucional, porque respondem a necessidades permanentes que são mais bem atendidas pela institucionalidade das funções; emergem também outras mais esporádicas, porém igualmente importantes para a animação das comunidades: o serviço da caridade, a preocupação para com os pobres, a promoção dos direitos e da justiça social etc. Um e outro carisma vitalizam a comunidade; fazem com que ela não seja apenas organizada e disciplinada, mas principalmente criativa e irradiadora de esperança e de alegria, realidades que pertencem ao Evangelho.

Essa compreensão eclesiológica ressitua corretamente o lugar dos ministérios. O seu lugar é na comunidade — pela comunidade e para a comunidade. A comunidade constitui a realidade fundacional. É ela a portadora permanente do poder sagrado — a *exousía* de Jesus. Com os Doze Jesus não visou à Hierarquia, mas à comunidade messiânica. Animada pela presença do Ressuscitado e pelo Espírito, surgem dela tudo o de que ela precisa para funcionar. Há nela uma diversidade de funções, encargos e serviços, chamados por Paulo de carismas (conferir ICor 12 e Rom 12). Carisma não se situa no âmbito do extraordinário, mas no do cotidiano comunitário. Todo cristão é um carismático no sentido de que, na comunidade, cada um tem seu lugar e sua função: "cada um tem de Deus o seu próprio carisma, um de um modo, outro de outro" (lCor 7,7); "a cada um é dada a manifestação do Espírito para a utilidade comum" (lCor 12,17). Na comunidade cristã não há nenhum membro ocioso: "cada membro está a serviço um do outro" (Rom 12,5). Os carismas fundam um princípio estrutural na Igreja.[1] Eles não são algo que pode ocorrer mas que também pode faltar. Antes, pelo contrário: são constitutivos da Igreja, de tal maneira que Igreja sem carismas (funções e serviços) não existe. A própria Hierarquia é um estado carismático. Não anterior à comunidade nem sobre ela. Mas dentro dela e a seu serviço. Se cada qual tem o seu carisma, então, devemos afirmar também que existe a simultaneidade de carismas dos mais diversos. Essa diversidade propõe uma questão fundamental: quem garante a unidade entre as funções e sua ordenação para o bem de todos? Surge a necessidade do carisma de direção. Paulo fala desse carisma de assistência, de governo, de presidência da comunidade e de cuidado por sua unidade (lCor 12,28; 1 Tess 5,12; lTim 5,17). As cartas paulinas e deutero-paulinas se referem aos presbíteros, epíscopos e diáconos. O carisma da unidade deve estar a serviço de todos os carismas. É um serviço entre outros, mas com uma orientação toda especial de ser o elemento-ponte entre as várias funções da comunidade.

Nisso residem a essência e o sentido do sacerdócio ministerial em seus vários degraus de realização hierárquica: coordenar os carismas, ordená-los para um projeto comunitário, saber descobrir carismas existentes mas não reconhecidos, e exortar alguns que talvez estejam

---

[1]Conferir G. Hasenhüttl, *Charisma, Ordnungsprinzip der Kirche*, Freiburg, 1969; W. Kasper, "Die Kirche und ihre Ämter", in *Glaube und Geschichte*, Mainz, 1970, p. 355-370; conferir também p. 371-387; H. Küng, "A estrutura carismática da Igreja", in *Concilium*, abril de 1965, p. 13-46.

pondo em risco a unidade da comunidade. Numa palavra, sua função não é a acumulação, mas a integração dos carismas.[2] Como transparece, essa compreensão da Igreja-comunidade e Povo de Deus não exclui – mas inclui – a Hierarquia na Igreja. Esse é um carisma permanente, um verdadeiro estado carismático, porque responde a uma necessidade permanente da comunidade: a unidade entre todos.

Hoje o corpo eclesial está dividido de cima a baixo. Se não buscarmos uma visão coerente que equilibre as relações de poder eclesial, corremos o risco de que a Igreja Católica se mantenha dividida, com prejuízo enorme para a qualidade de vida cristã. Não é impossível uma bifurcação: por um lado, uma Igreja-Povo-de-Deus, de estruturas igualitárias, de participação e comunhão entre todos, e, ao lado e em conflito, uma Igreja-sociedade hierárquica, clerical, piramidal e centralizadora, que continuamente cria, reproduz e legitima desigualdades, gerando tensões e enfrentamentos pela impossibilidade de viver nos espaços eclesiais práticas participativas, exercidas na sociedade civil e valores caros ao sonho de Jesus, como os valores de comunhão e de igualdade entre todos como irmãos e irmãs.

Numa eclesiologia de Igreja-sociedade hierárquica não há salvação para as mulheres em termos de integração nos serviços e dons comunitários. Elas serão sempre marginalizadas, quando não excluídas. Tal fato é incompatível com uma teologia minimamente evangélica que deve incorporar valores humanos porque são também valores divinos. Essa é a razão fundamental para abandonarmos a eclesiologia societária e hierárquica e reforçarmos uma eclesiologia de comunidade e de Povo de Deus.

---

[2]W. Kasper, "Die Funktion des Priesters in der Kirche", in *Glaube und Geschichte*, Mainz, 1970, p. 371-378.

Capítulo IX

QUIS JESUS UMA ÚNICA FORMA INSTITUCIONAL DE IGREJA?

Ao largo de nossas reflexões deixamos em suspenso alguns problemas sobre os quais existem opiniões divergentes, embora legítimas, entre os vários teólogos e correntes teológicas. A opção por um modelo de compreensão ou por outro não é indiferente para a idéia geral que fazemos da fé, do cristianismo, do futuro da Igreja e para as decisões de ordem pastoral. Por exemplo: dissemos acima que as CEBs significam a reinvenção da Igreja. Muitos perguntam: é possível reinventar a Igreja? Não foi ela fundada por Jesus Cristo e entregue aos homens com suas estruturas fundamentais? Não são o episcopado, o presbiterado e os sacramentos de instituição divina? Pode-se tocar em tais momentos essenciais da Igreja? Outro exemplo: "o problema concreto do padre que está sendo esmagado pelo peso da sacramentalização; os sacramentos têm a ver com o abastecimento interno da vida da comunidade que não pode ficar na dependência do clero (classe). Sem essa vida interna, a comunidade não poderá fazer nada e nunca chegará a uma real autonomia. O clero se tornou uma classe e, como classe, monopolizou nas suas mãos a administração dos sacramentos. Ficou com a chave do posto de abastecimento, sem ser o dono dele, e criou no povo uma consciência de dependência total de achar que é só por meio do 'padre' que pode subir até Deus. Ora, tem que eliminar o telefonista e criar uma ligação direta para o povo. Isso significa: 1) o povo poder redescobrir o sentido sacramental (simbólico) da vida; 2) eliminar o clericalismo (não o sacerdócio) que envolve a administração dos sacramentos (isso é bem outra coisa do que entregar a sua administração a leigos formados para isso); 3) o povo poder chegar a ser dono dos seus sacramentos e ter o controle do posto de abastecimento" (Mesters, C., "O futuro de nosso passado", em *Uma Igreja que nasce do povo*, 146).

Nessas palavras concreto-concretíssimas do exegeta e teólogo Carlos Mesters está apresentado todo o problema. Mas pergunta-se: pode a Igreja fazer isso? Que tipo de Igreja Jesus quis, de tal forma que fosse a sua Igreja? Mais ainda: quis Jesus um quadro institucional definido?

A resposta a essas perguntas condiciona as soluções dos problemas levantados. Hoje, a experiência da crise ministerial da Igreja e a efervescência de CEBs com suas formas próprias de organização, distribuição de poder e de participação, tornam essas perguntas muito reais e nada teóricas. Dissemos acima que a Igreja é uma comunidade estruturada, e dissemos bem. Mas eis que surge um grave problema de acentos: acentua-se — na palavra comunidade estruturada — o termo *comunidade* ou *estruturada?* Há os que colocam o acento na *estruturação*, e assim já surge uma Igreja de cima para baixo: papa-bispo-padre-diácono-religioso-leigo. É a versão oficial e vigente durante séculos no Ocidente. Há os que acentuam *comunidade*, e delineia-se uma imagem de Igreja fraterna, circular, participada. A estruturação jerárquica se realiza na comunidade e a bem da comunidade. Antes de jerarquias e diferenças, Jesus pretendeu introduzir fraternidade, participação e comunidade entre os homens.

Queremos abordar em forma de *quaestio disputata* — porque há opiniões divergentes sobre os temas em tela — a problemática da relação do Jesus histórico para com a Igreja-instituição, a da capacidade de o leigo poder celebrar a Ceia do Senhor e, por fim, o sacerdócio da mulher e suas possibilidades.

Na fé dizemos que Jesus Cristo fundou a Igreja. Essa afirmação é correta e exprime a fé milenar da Igreja. Entretanto — e aqui começa o problema — essa afirmação não é unívoca nem simples. Nela há várias mediações que precisam ser esclarecidas, para que tenha sentido dogmático a afirmação fundamental: Cristo fundou a Igreja, a Igreja é fundada em Cristo e por Cristo. Queremos apresentar aqui uma pesquisa sobre uma tendência bastante generalizada na teologia católica hoje sobre o tema: o Jesus histórico e a Igreja-instituição. Como dissemos, trata-se de uma *quaestio disputata*. Outras opiniões são legítimas e devem ser acatadas. A proposta que oferecemos, parece-nos, ajuda a contextuar e a fundamentar teologicamente a propalada eclesiogênese e reinvenção da Igreja. Estamos assistindo a um novo nascer da Igreja. Ela pode se organizar diferentemente porque há espaço teológico para isso e está na intenção de Jesus Cristo que assim seja. Essa afirmação se funda nas razões de uma teologia e exegese católicas bastante representativas.

A relação entre o Jesus histórico e a Igreja pode ser formulada com uma pergunta radical: Quis o Jesus histórico e pré-pascal uma Igreja? Essa pergunta é provocativa e ambígua. Tão ambígua quanto a própria palavra Igreja.

— Se entendermos por Igreja a graça, a libertação, a irrupção do Espírito, a nova criação, a Jerusalém celeste e o Reino de Deus, então Cristo quis a Igreja e não quis outra coisa neste mundo com sua vida, mensagem, morte e ressurreição.

— Se entendermos por Igreja a instituição visível, sua organização sacramental, sua instituição ministerial jerárquica, suas estruturas sociológicas a serviço da graça do Reino, sua autocompreensão teológica etc., então a pergunta — Quis Jesus Cristo uma Igreja? — assume um aspecto bem diferente. É antes uma questão histórica que sistemática, embora a resposta histórica influa enormemente na compreensão sistemática do que é e deve ser Igreja. Esse ponto será objeto de nossa reflexão: quis o Jesus histórico uma única forma institucional de Igreja?

1. Horizonte de compreensão adequado para uma resposta correta

As fontes para estudarmos essa questão são os evangelhos. Estes, por sua vez, não são elencados sob o gênero "livros históricos", mas constituem um gênero próprio de testemunho e propaganda da fé. Por isso, para utilizarmos os evangelhos como fontes de dados históricos, devemos tomar em conta os seguintes pressupostos hermenêuticos (horizonte de compreensão) assumidos pela exegese católica, como é hoje geralmente praticada e ensinada.

Os atuais evangelhos foram escritos após a morte e a ressurreição de Jesus. Esses dois eventos modificaram profundamente a compreensão que os apóstolos tinham de Jesus.

Grande parte dos textos evangélicos foi elaborada após a destruição de Jerusalém, o que trouxe uma compreensão nova da mensagem de Jesus. Ele, bem como os discípulos nos primeiros anos de atividade, se dirigiu aos judeus. Agora com a destruição acabou-se o futuro da cidade com tudo o que ela significava teologicamente: o centro do mundo e o lugar da manifestação de Deus.

Grande parte dos evangelhos foi redigida quando já havia organização eclesiástica, missão e conversão de gentios. Tudo isso se reflete nos textos e na teologia de cada evangelista.

Os textos refletem uma atmosfera diferente da que Jesus vivia sob a iminência escatológica do irromper do Reino. Os evangelhos estão sob o signo da protelação da parusia para um tempo distante e indefinido. O próprio fato de elaborar evangelhos testemunha a convicção de que o fim não é iminente. A comunidade se organiza para fazer frente aos problemas concretos e à história na qual a Igreja agora vai entrar.

Os atuais textos são testemunhos de fé, isto é, relatam não apenas um passado, mas tentam explicitar também o presente vivido à luz do que se manifestou no passado: pregação de Cristo, morte e ressurreição. É um confronto entre a existência eclesial e a mensagem de Jesus. Daí, os textos, ao lado de conteúdos e blocos históricos, encerrarem teologia, reflexão e interpretação à luz dos que viram e conviveram com Jesus. Os evangelhos não fazem distinção entre o que é do Jesus histórico e o que é do Cristo da fé. Tanto um elemento como outro são indiferentemente atribuídos a Cristo. Isso, evidentemente, torna muito mais difícil o trabalho histórico: a análise distinguirá o que provavelmente seja do Jesus histórico e o que se deva atribuir ao trabalho teológico ou redacional do evangelista ou da comunidade. Assim é possível que textos, lidos fora desses pressupostos críticos e tidos tradicionalmente como *ipsiszsima vox Jesu*, devam ser considerados teologia da comunidade primitiva.

O que Paulo fez, fizeram os evangelistas: interpretaram a mensagem de Jesus. É o que nós igualmente fazemos na teologia, catequese e especialmente na homilética. Nem podemos fazer diferente, porque compreender é sempre um processo vital de interpretar. Nosso sermão não é recitação do passado. É atualização. Esta é confronto de nossa história com a mensagem ouvida. Quando pregamos, estamos convencidos de que, apesar da interpretação, não ensinamos nossa doutrina e mensagem, mas articulamos na diferença de tempo e de língua a mesma mensagem de fé dos evangelhos. Esse processo encontramo-lo também no Novo Testamento; nem poderia ser diferente.

Pressuposto isso, podemos refletir a relação entre o Jesus histórico e a Igreja.

2. A imagem de Igreja da teologia tranqüila

A teologia tranqüila representa a Igreja em perfeita continuidade com a obra de Jesus. Ele veio para salvar, com sua morte e ressurreição, os homens. Em tempo ainda de sua vida terrestre, fundou a Igreja para continuar sua obra até a consumação dos tempos. Para isso, dotou-a de ministérios e sacramentos, de doutrina e de moral para realizar e presencializar a salvação do mundo. A Igreja está de tal forma unida ao seu Fundador que pode ser chamada de corpo de Cristo, entendido ontologicamente.

Não questionamos a validade dogmática dessa representação de Igreja. Entretanto, devemos nos perguntar se essa idéia corresponde aos evangelhos. Devemos estar abertos para compreender, a partir da mensagem de Jesus, de forma nova ou diferenciada, a realidade da Igreja ou daquilo que ela deveria ser. Devemos contar com o fato de os evangelhos terem outra idéia de Igreja diferente da idéia comum dos fiéis.

Basta, por exemplo, constatar o fato de que somente São Mateus, entre os evangelistas, fala de Igreja (Mt 16,18; 18,17). São Lucas nunca emprega em seu evangelho a palavra *ekklessia*; ao contrário, nos *Atos* usa-a cerca de vinte vezes. Com isso não queria ele insinuar que Igreja não é nenhum dado do tempo do Jesus histórico, mas do tempo após pentecostes? Conzelmann mostrou muito bem a distinção clara que Lucas introduz entre o tempo de Jesus e o tempo da Igreja como duas situações histórico-salvíficas diversas (conferir Conzelmann, H., *Die Mitte der Zeit*, Tübingen, 1954). Assim, a Igreja não é obra do tempo de Jesus, mas obra do tempo do Espírito.

Para os evangelistas há uma ruptura entre Jesus e a Igreja. Entre ambos está o "fracasso" de Jesus crucificado. Está também a infidelidade dos apóstolos e a dissolução da comunidade dos seguidores de Jesus. Só após a ressurreição voltaram a reunir-se.

3. A intenção última de Jesus não é a Igreja, mas o Reino de Deus

Essas poucas averiguações suscitam já a pergunta: a fundação da Igreja pertence ao tempo do Jesus histórico, ou é um fenômeno pós-pascal?

Para responder a essa momentosa questão não basta resolver o problema debatidíssimo sobre se a passagem de Mt 16,18-19 (Tu és Pedro e sobre esta pedra edificarei a minha Igreja... eu te darei as chaves do Reino dos céus...) é ou não autêntica e jesuânica. Há de considerar questões muito mais radicais como, por exemplo:

8.1 Se Jesus se entendia enviado somente a Israel (conferir Mt 10,5-6; 15,24) e à totalidade de Israel, poderia ele então pensar na fundação de uma comunidade de fiéis formada de seus discípulos e de seus futuros seguidores, comunidade que seria uma entre tantas existentes em Israel, uma *tón Nazareíon haíresis* (conferir At 24,5-14)?

8.2 Se a perspectiva de Jesus era de uma escatologia iminente, poderia ele ter em mente uma Igreja, peregrina ao longo dos tempos, organizada institucionalmente e bem definida historicamente?

Se a pregação de Jesus se concentrou na idéia do Reino de Deus e se o Reino de Deus possui uma conotação universal cósmica, de que modo resultou a Igreja como uma realização reduzida e ambígua do Reino de Deus?

O modernista Alfred Loysi (1857-1940) situou bem o problema quando, com certo desconcerto, escreveu: "Cristo pregou o Reino de Deus e em seu lugar apareceu a Igreja" (*L'Evangile et l'Eglise*, Paris, 1902, 111). Já há muito que a exegese católica assumiu a seriedade dessa problemática. Basta recordar as duas obras clássicas do renomado exegeta católico Rudof Schnackenburg: *Gottes Herrschaft und Reich* (O senhorio de Deus e o Reino) e *Die Kirche im Neuen Testament* (A Igreja no Novo Testamento) (Friburgo em Br. 1959; *Quaestiones Disputatae* 14, Friburgo em Br., 1961). Aí diz ele que, segundo o Novo Testamento, devemos distinguir claramente entre a "basiléia toû Theoû" (reino de Deus) e a "ekklesia toû Theoû". "Não a Igreja, mas o Reino de Deus constitui a última intenção do plano divino e a imagem perfeita da salvação para todo o mundo" (*Die Kirche im Neuen Testament*, op. cit., 166).

Se não há identidade perfeita entre o Reino de Deus e a Igreja, que relação vigora entre ambos? Como se chegou da pregação de Cristo sobre o Reino à constituição da Igreja? É ela uma conseqüência imediata dessa pregação ou constitui um substitutivo precário do Reino de Deus que não veio? É fruto de uma "decepção" ou de uma realização? Os estudos exegéticos católicos acerca da Igreja no Novo Testamento[3] estabelecem unanimidade nos dois pontos seguintes (conferir P. V. Dias, *Vielfalt der Jirche in der Vielfalt der Jünger, Zeugen und Diener*, Friburgi, 1968, p. 85): pode-se falar de Igreja somente a partir da fé na ressurreição; essa Igreja entende-se como a comunidade escatológica da salvação. Nas palavras de Schnackenburg: "Podemos falar de Igreja no sentido próprio, como comunidade de Cristo, somente após a elevação de Cristo e da vinda do Espírito Santo. A comunidade dos discípulos ao redor de Jesus histórico não é ainda Igreja, a comunidade dos redimidos no Reino futuro não é mais a Igreja" (R. Schnackenburg, "Kirche", in *LThK* VI, p. 167).

Vögtle o expressa mais claramente: "A totalidade do cristianismo primitivo fala de Igreja somente a partir da ressurreição de Cristo; a Igreja, para os testemunhos neotestamentários, é condicionada em sua existência pela morte e ressurreição de Jesus; ela é claramente uma grandeza pós-pascal" (A. Vögtle, *Jesus und die Kirche, op. cit.*, p. 57-58). Em função dessas constatações de ordem exegética, podia Hans Küng, em sua eclesiologia, formular a proposição: "O Jesus pré-pascal, no decorrer de sua vida, não fundou Igreja alguma... Ele criou, pela sua pregação e ação, os fundamentos para o aparecimen-

---

[3]Conferir a principal bibliografia: H. Schnackenburg, Art. "Kirche" no LThK 6, p. 167-188; A. Voegtle, "Jesus und die Kirche", in *Begegnung der Christen* (Fest. Otto Karrer), Stuttgart-Freiburg, 1960, p. 54-81; O. Kuss, "Jesus und die Kirche im Neuen Testament", in *Auslegung und Verkündigung I*, Regensburg, 1963, p. 25-77; J. Betz, "Die Gründung der Kirche durch den historischen Jesus", in *ThQ* 138 (1958), p. 152-183; J. Ratzinger, "O destino de Jesus e a Igreja", in *A Igreja em nossos dias*, São Paulo, Paulinas, 1969, p. 9-29; J. Blank, "Der historische Jesus und die Kirche", in *Wort und Wahrheit* 26 (1971), p. 291-307; H. Küng, *A Igreja I*, Lisboa, 1969, p. 65-150; *Die Aktion Jesu und die Re-Aktion der Kirche*, vários autores (K. Müller), Würzburg, 1972; "Jesus von Nazareth und die Anfänge der Kirche"; J. Nolte, "Die Sache Jesu und die Zukunfy der Kirche", in *Jesus von Nazareth* (F. J. Schierse). Mainz, 1972, p. 214-233.

to de uma Igreja pós-pascal" (H. Küng, *A Igreja* I, *op. cit.*, p. 106-109; conferir J. Nolte, "Die Sache Jesu und die Zukunft der Kirche", in *Jesus von Nazareth*, Mains, 1972, p. 214-233). A morte de Jesus e a fé em sua ressurreição estão na base da Igreja. Sem a fé na ressurreição não se entende por que a comunidade voltou a se reunir e a pregar o Crucificado como o Messias. A causa e a pessoa de Jesus não terminaram com a morte, mas ambas reaparecem após a ressurreição como geradoras e constituintes da comunidade eclesial. Existe pois uma descontinuidade entre a pregação do Reino e a Igreja: a morte de Jesus na cruz; existe também uma continuidade entre Jesus e a Igreja: a ressurreição pela qual Cristo continua presente. Articular a continuidade e a descontinuidade entre Jesus e a Igreja é a tarefa teológica de toda eclesiologia que se quer fundamentada no Novo Testamento.

4. O que pregou Jesus: o Reino de Deus ou a Igreja?

Jesus não saiu a pregar a Igreja, mas o Reino de Deus (conferir L. Boff, *Jesus Cristo Libertador*, Petrópolis, 1972, p. 62-75.): "Esgotou-se o prazo. O Reino de Deus está próximo. Mudai de vida! Crede nessa boa notícia" (Mc 1,15).

4.1 O conteúdo escatológico e universal do Reino de Deus

Reino de Deus na boca de Jesus é um conceito escatológico. "Significa o governo de Deus que põe termo ao mundo atual, que aniquila tudo o que é antidivino, satânico e sob o qual geme atualmente o mundo, e que assim, acabando com toda a miséria e com todo o sofrimento, traz a salvação ao Povo de Deus, que aguarda o cumprimento das promessas proféticas" (R. Bultmann, *Theologie des Neuen Testamentes*, Tübingen, 1965, p. 3). Reino de Deus, portanto, não significa uma teocracia nacional, um território ou algo meramente espiritual. Mas uma nova ordem do mundo, na qual Deus é tudo em todas as coisas. Nem Reino de Deus é prêmio para os piedosos ou castigo para os pecadores. Antes, pelo contrário: é boa-nova para os pecadores e para todos os que se converterem. A pregação se dirige a todo Israel, e não apenas a um grupo. A conversão é exigida de todos, pecadores e piedosos, o que pressupõe que todo Israel precisa dela e que ninguém pertence ainda ao Reino. Aqui transparece o universalismo concreto (J. Blank, *Der historische Jesus und die Kirche, op. cit.*, p. 299; conferir K. Müller, "Jesu Naherwartung und die Anfänge der Kirche", *in Die Aktion Jesu und die Re-Aktion der Kirche, op. cit.*, p. 9-30) da pregação de Jesus: se todo Israel necessita de mudança de vida, quanto mais os gentios! Trata-se de um universalismo intensivo, e não extensivo. Sua pregação se dirige, na realidade, somente aos judeus, e não a uma Igreja de judeus e gentios, que não estava no horizonte de suas intenções. Ele não visa a fundar uma nova comunidade de fé, ao lado das várias existentes em seu tempo, cada uma reclamando para si o título de "verdadeiro Israel". *Ele quer converter todo Israel.* Nesse sentido, não quis uma Igreja como um grupo à parte de judeus crentes. Ademais, a idéia de Reino de Deus abarca toda a realidade, também infra-humana, enquanto esta também será purificada de todos os males e inserida no senhorio absoluto de Deus.

4.2 Um sinal escatológico: a constituição dos Doze

Poder-se-ia pensar que a constituição dos Doze (Mc 3,14)[4] significasse já uma pequena comunidade eclesial, germe da comunida-

---

[4]Conferir B. Rigaux, "Die Zwölf in Geschichte und Kerygma", *in Der historische Jesus und der Kerygmatische Christus.* Publicado por Ristow-Matthiae, Berlim, 1961, p. 468-486; P. V. Dias, *Vielfalt der Kirche, op. cit.*, p. 174-199; H. Merklein, "Der Jünger-kreis Jesu", *in Die Aktion Jesu, op. cit.*, p. 65-100.

de futura. Aqui precisamos nos precaver e não projetar a evolução pós-pascal para o tempo do Jesus histórico. É verdade que o Senhor "fez os Doze" (*epóiesen dódeka*: Mc 3,14) e os enviou a pregar o Reino (Mt 10,5-6). Para eles, porém, não foram criadas funções comunitárias, mas uma *função simbólica*. Eles simbolizam escatologicamente a reconstituição das doze tribos de Israel, das quais somente duas e meia ainda existiam no tempo de Cristo (conferir Mt 19,28; Lc 22,29): "Vós estareis sentados em doze tronos para julgar as doze tribos de Israel". *A importância reside em serem doze e não em serem apóstolos.* São Marcos nunca se refere aos doze apóstolos, mas simplesmente aos *dódeka* (Mc 3,14-16; 4,10; 6,7-35; 9,35; 10,32; 11,11; 14,10-17). Somente após a ressurreição, com a missão, é que se transformaram em *apóstolos*, isto é, enviados. Foi a partir da missão que Mateus pôde compor o longo discurso de Jesus acerca da missão (Mt 9,35–10,40). Na qual elaboração, é sem dúvida elaboração do evangelista (conferir J. Blank, *Der historische Jesus und die Kirche*, op. cit., p. 302).

Os doze, pois, estão numa relação com todo Israel e não como um grupo à parte, dentro de Israel, constituintes de uma comunidade a qual poderíamos chamar de Igreja em miniatura. Eles participam sim da tarefa de Cristo de pregar o Reino, mas fazem-no como multiplicadores para atingirem mais partes de Israel. A instituição dos Doze é bem consentânea ao horizonte escatológico de Jesus, como também a encontramos na comunidade de Qumran, onde havia também um colégio de Doze ao lado de outro de três: portanto, a idêntica estrutura simbólica (conferir J. Ratzinger, *O destino de Jesus e a Igreja*, op. cit., p. 14; H. Merklein, "Die eschatologischmessianische Motivation der Jesusnachfolge", in *Die Aktion Jesu*, op. cit., p. 87-89). Eles constituem um sinal de que o Reino está se realizando para todo Israel. Nisso reside seu significado teológico. O apóstolo é um conceito missionário pós-pascal.

4.3 Pedro-pedra, fundamento da fé eclesial após a Páscoa

Alguém poderia ver o fundamento da Igreja na promessa feita a Pedro "Em verdade te digo: Tu és Pedro e sobre esta pedra edificarei a minha Igreja e as portas do inferno não prevalecerão contra ela" (Mt 16,18). Convém inicialmente observar que a versão mais antiga em Marcos apenas traz a confissão de Pedro sem a promessa de Cristo (Mc 8,27-30; Lc 9,18-21). A promessa é *Sondergut* (material exclusivo) apenas de Mateus. Para a exegese dessa difícil passagem seguimos especialmente três exegetas católicos, R. Pesch, J. Blank e P.V. Dias.[5] Tanto Dias quanto Pesch julgam que o nome honorífico de Kephas-Petros-Pedra-Pedro não deve ter vindo de Jesus. À exceção de Lc 22,34, Jesus chama o apóstolo sempre de Simão. Deve seu nome de Kephas por ter sido a primeira testemunha da ressurreição (conferir 1Cor 15,5; Lc 24,34). "Com Pedro começa a fé na ressurreição e com isso a história da Igreja de Cristo" (P. V. Dias, *Vielfalt der Kirche, op. cit.*, p. 189). Ele é a pedra sobre a qual se construirá a Igreja através dos séculos, isto é, sobre a fé na ressurreição, testemunhada pela primeira vez por Pedro. Ele é o primeiro cristão que confirma os irmãos na fé (Lc 22,32) e os dirige (Jo 21,15-17). A explicação de Pedro como pedra-fundamento da Igreja possui o caráter de uma explicação etiológica: Pedro recebeu na comunidade esse nome porque contra essa pedra nada podem as forças eônicas (conferir J. Blank, *Der historische Jesus und die Kirche, op. cit.*, p. 304).

É de se notar ainda que a promessa a Pedro é feita em Cesaréia de Filipe, lugar de missão. Talvez haja aqui uma insinuação em favor da missão, encabeçada por Pedro, que deixou Jerusalém e partiu para Antioquia. Sobre a decisão missionária de Pedro – quereria ensinar Mateus – se construirá a Igreja como Igreja de judeus

---

[5]Conferir R. Pesch, "Lugar e sentido de Pedro na Igreja do Novo Testamento", in *Concilium* 64 (1971), p. 425-434. Para os outros *ut supra*; H. Geist, "Jesus von Israel – der Ruf zur Sammlung", in *Die Aktion Jesu, op. cit.*, p. 31-64.

e gentios. Na verdade, a profecia de que sobre Pedro se construiria a Igreja (sobre a decisão missionária de Pedro e sua profissão de fé) se realizou historicamente.

O poder das chaves conferido a Pedro (Mt 16,19) na comunidade de Mateus significa uma autoridade doutrinal (conferir G. Bornkamm, "Die Binde- und Lösegewalt in der Kirche des Matthäus", in *Die Zeit der Kirche*, Friburgo, 1970, p. 98-108): ele é o representante e o fiador da doutrina de Jesus e de sua interpretação recolhida no Evangelho de São Mateus. Assim como Paulo é o fiador da doutrina ortodoxa para as comunidades das epístolas pastorais, da mesma forma o é aqui Pedro. É de se notar também que o mesmo poder de ligar e desligar, conferido a Pedro, é também atribuído à comunidade toda (Mt 18,18). Para Mateus, Pedro aparece antes como Representante do que como Chefe da comunidade.

Mt 16,18-19 resulta assim uma *Gemeindebildung* (reflexão feita pela comunidade) pós-pascal com interesse etiológico no nome Pedro-pedra, para caracterizar sua função única como primeira testemunha da fé na ressurreição sobre a qual se constrói a Igreja, com um interesse ainda de relevar a autoridade doutrinária petrina[6] e sua decisão de ir à missão e garantir assim o futuro da Igreja de Cristo.

Ademais, essa passagem deve ser inserida na perspectiva geral do NT e não isolada do contexto descrito acima. Sem isso, deduz-se dela não uma eclesiologia, mas uma jerarquiologia, isto é, uma concepção de Igreja vista a partir de cima, desligada do Povo de Deus, uma Igreja primacialmente portadora de poderes sagrados.

4.4 A última ceia: derradeiro sinal escatológico

Os atuais textos da última ceia supõem já uma organização comunitária e uma praxe eucarística (conferir H. Schürmann, *Der Abend-*

---

[6] J. Blank, *Der historische Jesu und die Kirche*, op. cit., p. 304; R. Pesch, *O lugar e o sentido de Pedro*, op. cit., p. 431; P. V. Dias, p. 188s.

mahlsberichtLukas22,7-38 als Gottesdienstordnung, Gemeindeordnung, Lebensordnung, Paderborn, 1957). No seu sentido primitivo, contudo, a última ceia parece possuir uma nítida conotação escatológica. As várias ceias que Jesus realizou não só com os discípulos, mas especialmente com os marginalizados social e religiosamente, possuíam um significado salvífico-escatológico: Deus oferece a salvação a todos e convida indistintamente bons e maus à sua intimidade. O caráter escatológico da última ceia, como símbolo da ceia celestial dos homens no Reino de Deus, transparece muito claramente no texto lucano. Aí se descreve um acontecimento que não possui nenhuma ligação orgânica com a vida da Igreja, mas somente com Cristo (conferir R. Otto, *Reich Gottes und Menschensohn*, Munique, 1954, p. 214, 230). Isso milita em favor de sua autenticidade jesuânica: "Tendo desejado ardentemente comer convosco esta Páscoa, antes de sofrer, digo-vos: de agora em diante não tornarei a comê-la, até que ela se cumpra no Reino de Deus. E recebendo o cálice, deu graças e disse: Tomai e distribuí-o entre vós; pois digo-vos: já não tornarei a beber o fruto da videira até que venha o Reino de Deus... Eu, pois, vos entrego o Reino, como meu Pai me entregou a mim, para que comais e bebais à minha mesa no meu Reino e vos senteis sobre tronos, julgando as doze tribos de Israel" (Lc 22,15-19a.29). A ceia seria qual a antecipação festiva do Reino que iria estourar em breve. A eucaristia, entretanto, pertence ao evento total cristológico que abrange não somente a vida terrestre de Jesus e sua atividade, mas também a ressurreição e a atuação do Ressuscitado pelo seu Espírito após Pentecostes. A eucaristia está ligada à última ceia (ceia de despedida) do Senhor, assumida agora para o tempo da missão, sem a iminência da parusia, como alimento da comunidade, símbolo de unidade e principalmente como presença permanente e atualização do oferecimento sacrificial do Senhor. Nessa sua elaboração ela constitui elemento formador da Igreja, sem a qual a Igreja não seria o que é.

4.5 A escatologia de Jesus: simultaneamente presente e futura

A concepção do Reino de Deus e os sinais de sua aparição têm um conteúdo reconhecidamente escatológico: "O Reino está próximo" (Mc 1,15).[7] Jesus mesmo em sua pessoa, mensagem e exigências, é o Reino presente, o mais forte que exorciza o forte (Mc 3,27). O Reino está em vosso meio (Lc 17,21) e "se eu expulso demônios pelo dedo de Deus, sem dúvida chegou até vós o Reino de Deus" (Lc 11,20). À sua palavra doenças são curadas (Mt 8,16-17), tempestades são acalmadas (Mt 8,27), mortos são ressuscitados (Mt 5,39) e demônios são expulsos (Mt 12,28). Bem-aventurados são os homens que vêem, nas ações de Cristo, o tempo da salvação (Mt 13,16; Lc 10,23).

Se o Reino é uma grandeza presente, possui, contudo, também uma dimensão de futuro: o tempo do mundo pecador terá passado (Lc 17,26-30), os sofrimentos irão desaparecer (Mt 11,5), a morte será superada (Lc 20,36), os últimos serão os primeiros e os primeiros serão os últimos (Mc 10,31) e os eleitos dispersos serão todos reunidos (Lc 13,27). A irrupção é iminente. Jesus participa das expectativas de sua geração. Delas dão conta os três textos inequívocos:

Mc 9,1 par: "Em verdade vos digo: há aqui alguns dentre os que estão presentes que não hão de experimentar a morte enquanto não virem o Reino de Deus chegar em poder."

Mc 13,30 par: "Em verdade vos digo: não passará esta geração sem que tudo isso aconteça."

---

[7]Conferir W. Trilling, "Qué enseñó Jesús acerca del fin del mundo?", *in Jesús y los problemas de su historicidad*, Barcelona, 1970, p. 126-147; O. Knoch, "Die eschatologische Frage, ihre Entwicklung und ihr gegenwärtiger Stand", *in Biblische Zeitschrift* 6 (1962), p. 112-120; N. Perrin, *Was lehrte Jesus wirklich?* Rekonstruktion und Deutung, Göttingen, 1972, p. 170-236; K. Müller, "Jesu Naherwartung und die Anfänge der Kirche", *in Die Aktion Jesu und die Re-Aktion der Kirche, op. cit.*, p. 9-30, especialmente p. 25s.

Mt 10,13: "Em verdade vos digo: não acabareis de percorrer as cidades de Israel antes que venha o Filho do Homem."
É verdade que a hora exata só cabe ao Pai saber e determinar (Mc 13,32; Mt 24,42-44; 24,50; 25,13), contudo não podemos negar a expectativa sob a qual vivia Jesus e toda sua geração. Não é aqui o lugar de interpretar essa expectativa e sua não-realização nos quadros de uma sã cristologia (conferir L. Boff, "O futuro do mundo: total cristificação e divinização", *in Vozes*, 1972, 565-567). Em todos os casos, seguro é que a mensagem do Reino como a superação de todos os males que estigmatizam o mundo e a total plenificação de toda a realidade em Deus constitui o coração do anúncio de Jesus, alegria para todo o povo (Lc 2,10).

5. A morte e a ressurreição de Cristo: condição de possibilidade para a existência da Igreja

Jesus de certa maneira "fracassou" em seu intento de instaurar o Reino de Deus. Os judeus não se converteram e, num conflito político-religioso, crucificaram Jesus. Apesar do "fracasso" consciente (Mc 15,34), Ele não desespera. Assume a morte em favor de todos e se entrega, confiante, ao Pai.

Deus, porém, realizou a expectativa de Jesus: concretizou o Reino de Deus em sua pessoa. Nele se deu, realmente, a superação de todas as limitações inerentes à nossa situação decaída, do sofrimento e da morte. O Reino de Deus que deveria realizar-se universalmente, devido à rejeição dos judeus, foi instaurado somente em Jesus. Sua ressurreição é a confirmação de que o Reino de Deus é possível e de que o novo céu e a nova terra poderão deixar de ser uma utopia. Por isso, Orígenes, com razão, podia dizer que Jesus ressuscitado é a *autobasiléia tou Theoû* (O Reino de Deus personalizado).

Dado que o Reino de Deus não encontrou uma realização universal, mas apenas pessoal, em Jesus, abre-se a possibilidade para a continuação da história e para o surgimento daquilo que chamamos de Igreja, como a comunidade que continua a pregar a mensagem do Reino, antecipatoriamente realizado em Cristo ressuscitado e em todos os que crêem e ainda por vir escatologicamente.

Sem o "fracasso" de Cristo, a Igreja não teria lugar nem sentido. Ela pressupõe a morte e a ressurreição de Cristo. A *morte* como condição de possibilidade de sua existência. A *ressurreição* em cuja fé a comunidade primitiva se constituiu e viu a concretização do Reino pregado por Jesus.

A Igreja, pois, possui um nítido caráter substitutivo do Reino. Por um lado é o Reino presente enquanto o Ressuscitado nela está; por outro, não é o Reino enquanto esse deve ainda se realizar escatologicamente. Ela está a seu serviço, é seu sacramento, sinal e instrumento de aparição e realização no mundo.

Queremos analisar mais detalhadamente as condições de aparecimento da Igreja para assim esclarecer mais profundamente sua essência e sentido. Nisso nos filiamos às teses apresentadas já em 1929 por Erik Peterson ("Die Kirche", in *Theologische Traktate*, Munique, 1957, 411-429), retomadas por Guardini (*O Senhor*) e aprofundadas por J. Ratzinger (Art. "Kirche", in *LThK* VI, 173-183; "Zeichen unter den Völkern", in *Wahrheit und Zeugnis* – publ. por M. Schmaus e A. Läpple – Dusseldorf, 1964, p. 456-466; *Introdução ao Cristianismo*, São Paulo, 1971; *O destino de Jesus e a Igreja*, op. cit., *Das neue Volk Gottes*, Entwürfe zur Ekklesiologie, Düsserldorf, 1969, p. 75-89).

5.1 A igreja como Igreja de judeus e gentios

Recapitulando: Jesus pregou não a Igreja, mas o Reino de Deus. Este não veio, como Ele o esperava até o fim, porque os judeus se negaram à conversão e à aceitação de um Reino numa forma não nacionalista. Disso se segue a primeira tese, formulada por Peterson:

A Igreja somente existe sob a condição de que os judeus, como povo eleito de Deus, não creram no Senhor. Ao conceito de Igreja pertence o fato de ela ser essencialmente uma Igreja de gentios (E. Peterson, "Die Kirche", op. cit., p. 411; veja a opinião semelhante de H. Schlier, "L'option en faveur de la mission aux païens dans la chrétienté primitive", in Le temps de l'Eglise, Casterman, 1961, p. 100-115).

O povo eleito rejeitou Jesus, e como povo fracassou histórico-salvificamente. Percebendo a rejeição, Jesus não se refugiou numa seita, mas continuou a pregar o Reino para todo o povo. Assumiu a morte em favor de todos e em fidelidade à sua missão. Já que não podia ganhar os homens com sua mensagem e obras, ganhou-os ao assumir os pecados do mundo. Disso se segue que a comunidade de Cristo deve também exercer essa função reconciliadora e de entrega, como o fez Jesus. Seus discípulos deverão ser portadores da revolucionária idéia do Reino de Deus e entender sua existência como um ser-para-os-outros, como o foi Jesus (J. Ratzinger, O destino de Jesus e a Igreja, op. cit., p. 23-27).

O fato de a Igreja ser essencialmente uma Igreja de gentios possui enorme relevância hermenêutica. A Igreja abandonará a língua e a mentalidade semitas, instrumentos com os quais se articulou a revelação bíblica. Irá traduzir legitimamente a mensagem de Cristo numa outra compreensão do ser, como a greco-romana. A helenização e a aculturação do cristianismo são legítimas e pertencem ao processo de concretização da Igreja como Igreja de gentios. Renuncia-se, pois, a fazer dos gentios judeus e a que eles passem pela pedagogia do Antigo Testamento. Isso significa que os conceitos fundamentais da mensagem de Cristo serão projetados em outras coordenadas culturais e conseqüentemente participarão do destino, das perdas e dos ganhos de toda tradução. A existência da Igreja, ao longo dos séculos, é uma prova concreta da protelação da parusia. E assim chegamos à segunda tese:

Igreja existe somente sob a condição de que a vinda de Cristo não esteja iminente; em outras palavras, de que a escatologia con-

creta tenha sido suspensa e em lugar dela tenha entrado a doutrina dos fins derradeiros do homem e do mundo (E. Peterson, "Die Kirche", op. cit., p. 112).

Os novíssimos não significam uma decadência perante o Reino escatológico, mas a transposição para uma nova situação na qual existe ainda tempo; não os judeus, mas os gentios creram em Jesus. Se a Igreja surgiu por não ter vindo o fim do mundo, então ela tem direito de anunciar a mensagem, a moral etc., numa linguagem e numa perspectiva não mais escatológica, mas histórica, tomando em conta as variantes que surgem no decurso dos tempos e o futuro que está em aberto. A partir disso podem e devem ser interpretadas num sentido ético-moral e ascético as passagens evangélicas que originalmente possuíam um conteúdo escatológico imediato, como o Sermão da Montanha.

Essa perspectiva temporal não foi logo entendida pela Igreja primitiva. Os apóstolos não fundaram, logo após Pentecostes, a Igreja. Entendiam-se como um grupo de judeus crentes, tentando conquistar o povo para o Reino e para o Cristo ressuscitado que eles esperavam vir em breve sobre as nuvens (conferir G. Lohfink, "Christologie und Geschichtsbild in Apg. 3,19-21", in *Biblische Zeitschrift* 13 (1969), 223-241). Eles se atêm estritamente às palavras do Jesus histórico: "Não tomeis o caminho que conduz às nações e não entreis em cidade alguma dos samaritanos; ide antes às ovelhas perdidas da casa de Israel" (Mt 10,5b-6). Não se pensava ainda na missão, mas na vinda do Filho do Homem em poder e na peregrinação de todos os povos para o Monte Sion. Essa perspectiva escatológica da *Urgemeinde* (Comunidade primitiva) nota-se claramente na preocupação de reconstituir o número simbólico dos Doze, para escatologicamente significar a restauração próxima das doze tribos.

Contudo, o endurecimento do povo, o martírio de Tiago (ano 42), a prisão e fuga de Pedro e mesmo a conversão de helenistas e de Cornélio os induziram a não mais aguardar como iminente o irromper do Reino e a se dirigir aos pagãos. E assim chegamos à terceira tese:

> Igreja existe somente sob a condição de que os Doze apóstolos chamados e inspirados pelo Espírito Santo se decidiram ir aos gentios (E. Peterson, *Die Kirche*, op. cit., p. 417).

5.2 Cristo, ligação entre Igreja e Reino de Deus

Aqui se deu um passo decisivo: os apóstolos, indo à missão, fundaram concretamente a Igreja que perdura até hoje. Assumiram os elementos que o Jesus histórico havia introduzido, traduziram-nos para a nova situação e estabeleceram, sob a luz do Espírito Santo, as estruturas fundamentais da Igreja. Primeiramente a própria mensagem de Cristo acerca do Reino é traduzida numa doutrina sobre a Igreja e sobre o futuro do mundo. Os Doze não possuirão somente uma função escatológica, mas agora serão os doze apóstolos, isto é, os enviados aos gentios. Como apóstolos, pertencem à Igreja, e não ao Reino (E. Peterson, *Die Kirche*, op. cit., p. 417). Por isso o Apocalipse (21,14) os coloca como os fundamentos da Jerusalém celeste. É já numa perspectiva de Igreja organizada que são chamados *doze apóstolos* em São Lucas e em São Mateus. Eles são vistos então ainda no tempo do Jesus pré-pascal como a primeira comunidade messiânica, germe da futura comunidade eclesial.

A Eucaristia não será apenas um sinal escatológico do estourar próximo do Reino, mas agora, em tempo de Igreja, será também o alimento da comunidade, o lugar onde o Povo de Deus, comendo do corpo de Cristo, se torna também corpo de Cristo. Nela se perpetua a entrega de Cristo em favor de todos pelos séculos afora. Foi certamente nessa perspectiva eclesiológica que se elaboraram os textos eucarísticos dos evangelhos, como os temos hoje.

A passagem de Israel para os gentios é representada na parábola do rei que celebrou um festim para o seu filho. Foram convidados os amigos, e eles recusaram o convite. O rei, enfurecido, mandou seus exércitos destruírem sua cidade. E convidou os famintos dos becos e das encruzilhadas para substituírem os convivas. São Mateus, que conta essa parábola, tem diante de si o fracasso de Israel, a destruição de Jerusalém e a missão dos gentios (Mt 21,1-14; Lc 14,16-24). A Igreja é o *Ersatz* (Substitutivo) do Reino não realizado. O que liga o Reino à Igreja é o Cristo presente em ambos. Ele funda assim uma continuidade entre ambas as situações.

6. A Igreja fundada por Cristo e pelos apóstolos movidos pelo Espírito Santo

A Igreja concreta e histórica, como assevera com razão Küng, "tem sua origem, não simplesmente nos discípulos, nos desígnios e na missão de Jesus pré-pascal, mas sim no conjunto do acontecimento cristológico" (*A Igreja I, op. cit.*, p. 411), especialmente a morte e ressurreição de Jesus Cristo. Em seus elementos essenciais (mensagem, doze, batismos, eucaristia), foi pré-formada pelo Jesus histórico. Contudo, em sua forma *concreta e histórica* ela se apóia na decisão dos apóstolos, iluminados pelo Espírito Santo (conferir At 15,28).

Na verdade, a tradição sempre creu que a Igreja nasceu no dia de Pentecostes. Ela possui assim um fundamento cristológico e outro pneumático. Essa constatação é de grande importância, porque se evidencia que o elemento carismático possui, desde o início, um caráter institucional, e não fortuito e passageiro.

A Igreja-instituição não se baseia, como comumente se diz, na encarnação do Verbo, mas na fé no poder dos apóstolos, inspirados pelo Espírito que os fez transpor a escatologia para o tempo da Igreja e traduzir a doutrina do Reino de Deus na doutrina sobre a Igreja, realização imperfeita e temporal do Reino (L. Boff, "A Igreja Sacramento no Espírito Santo", *in Grande Sinal* 26 (1972), p. 323-336).

Se a Igreja nasceu de uma decisão dos apóstolos, impulsionados pelo Espírito, então o poder de decisão comunitária, disciplinar e dogmática pertence essencialmente à Igreja. Se ela mesma nasceu de uma decisão, então continuará a viver se cristãos e homens de fé no Cristo ressuscitado e no seu Espírito permanentemente renovarem essa decisão e encarnarem a Igreja nas novas situações que se lhes antolharem, seja outrora na cultura grega e medieval, seja hoje na América Latina e na cultura popular.

A Igreja está sendo sempre enviada aos gentios. Ela não é uma grandeza completamente estabelecida e definida, mas está sempre aberta a novos encontros situacionais e culturais. De acordo com essa realidade deve viver e anunciar, numa linguagem compreensível, a mensagem libertadora do Reino, realizado em Cristo e a se realizar para todos na consumação dos tempos.

7. Conclusão: pela Igreja nos chega o Reino

No final, certamente, se planteia a pergunta, latente em todas essas reflexões: por que, afinal, se anunciou o Reino de Deus, se Deus sabia que ia surgir, no lugar dele, a Igreja? Por que o fracasso de Cristo é a base e a condição de possibilidade da existência da Igreja?

O que teria acontecido, se os judeus tivessem crido em Jesus, não sabemos nem é interessante para a fé. Para esta interessam as realidades que historicamente aconteceram, como a mensagem do Reino e a existência da Igreja, que continua ainda a anunciar o Reino, como Cristo o fez.

São Paulo, em Rm , 9-11 se propôs o problema da relação entre a infidelidade de Israel e o surgimento da Igreja dos gentios. Conclui o mistério e a incompreensibilidade do plano de Deus (conferir E. Peterson, "Die Kirche aus Juden und Heiden", in *Theologische Traktate, op. cit.*, p. 239-292). Esse mesmo problema surge ao refletirmos a existência do pecado original dentro do plano de Deus, que significa realmente um certo fracasso para um determinado desígnio de Deus. Sabemos que Deus permite o mal, porque tem o poder de tirar dele um bem e de situar a história da liberdade em uma outra possibilidade de amor e salvação.

O plano de Deus inclui a liberdade do homem que pode frustrar possibilidades e condicionar outras. A existência da Igreja testemunha a liberdade do homem que pode se opor a Deus. Testemunha também o novo caminho que Deus, em sua misericórdia e paciência, escolheu para continuar proclamando o Reino de Deus como o sentido absoluto do homem e do mundo, onde Ele, Deus, será tudo em todas as coisas (conferir 1Cor 15,28), na máxima magnificação e respeito de cada ser.

Essa compreensão da Igreja, conseguida a partir de uma visão histórica, certamente não resolve todos os problemas propostos pelos textos do Novo Testamento. Cremos, contudo, que esse caminho seja mais frutuoso para chegar ao sentido e à essência da Igreja do que a discussão de teses já fixadas pelas escolas teológicas. Os caminhos de Deus, nessa compreensão eclesiológica, se cruzam com os caminhos dos homens. Deus sempre triunfa, fazendo chegar até nós a boa-nova anunciada por seu Filho, apesar do amadurecimento humano: pela Igreja surgida devido ao pecado do homem e em virtude da graça de Deus.

8. Conseqüências para uma possível eclesiogênese

Da exposição se depreende que a Igreja nasce do conjunto do evento cristológico, desempenhando especial função a ressurreição e a atuação do Espírito Santo sobre a decisão dos apóstolos. Agora podemos compreender mais a afirmação de nossa fé de que Jesus Cristo fundou a Igreja. Essa asserção é complexa, mas, segundo as mediações analisadas, é também verdadeira.

Se perguntarmos depois disso tudo: qual a forma institucional que Jesus quis para a sua Igreja? Poderemos responder: ele quis e continua a querer a forma que a comunidade apostólica, iluminada pela luz do Espírito Santo e confrontada com as urgências da situação, decidir e responsavelmente assumir. Evidentemente o episcopado, o presbiterado e outras funções permanecerão. O importante não reside nisso, pois é uma evidência palmar o fato de que essas estruturas atendem a necessidades sempre presentes nas comunidades, necessitadas de união, de universalidade e de ligação com os testemunhos maiores do passado apostólico. Mais importante é considerar o estilo servido por essas funções dentro das comunidades: ou *sobre* elas, monopolizando todos os serviços e poderes, ou *no interior* delas, integrando — e não acumulando — os encargos, respeitando os vários carismas, levando-os à unidade do mesmo corpo. Esse último estilo é que traduz a atitude evangélica e a praxe que Jesus quis para a comunidade messiânica.

A Igreja primitiva, segundo sua apostolicidade essencial, criou funções de acordo com as necessidades ou se adaptou a um estilo previamente existente, como aquele sinagogal, sobre o eixo do colégio dos presbíteros. O importante não era manter estruturas passadas, mas tornar presentes no mundo o Ressuscitado e seu Espírito, fazer audível sua mensagem libertadora de graça, de perdão e de irrestrito amor e facilitar aos homens a resposta a esses apelos. Guardar a Tradição significa fazer como eles fizeram: ora! eles ficaram atentos ao Espírito, às Palavras do Jesus histórico e do Ressuscitado e atentos às premências da situação — e criavam quando lhes parecia que deviam criar, conservavam quando julgavam que deviam conservar, e em tudo visavam ao triunfo do Evangelho e à conversão dos homens. Ora, essa mesma atitude, no fundo, sempre foi guardada na Igreja: ela soube conservar e soube se adaptar ao largo de sua história. Velha ou nova, não perdeu sua identidade jamais. Cristo usou todas as mediações para fazer-se presente, atingir os homens e salvar. Não deverá ser outro o caminho da Igreja.

Hoje, quando entrevemos a possibilidade de uma reinvenção da Igreja, semelhantes reflexões se apresentam surpreendentemente libertadoras. Elas oxigenam a atmosfera teológico-pastoral para tentar o ainda-não-experimentado. Se com o Papa Paulo VI reconhecermos às CEBs a presença da ação do Espírito Santo quanto à sua origem (conferir Discurso de encerramento do Sínodo dos Bispos de 1974, *in REB* 34 (1974, 945), então devemos acompanhar atentos e acolher o emergir de uma nova presença de Igreja entre os homens, de serviços novos e de tarefas e estilo novos para os velhos e tradicionais serviços.

REFERÊNCIAS BIBLIOGRÁFICAS

H. KÜNG, *A Igreja*, vol. I, Lisboa, Moraes, 1969, p. 65-116.

H. SCHLIER, "A eclesiologia do Novo Testamento", in *Mysterium Salutis* IV/I, p. 79-190.

L. BOFF, "O Jesus histórico e a Igreja", in *Estudos teológicos* 5 (1973), p. 157-171.

Capítulo X

PODE O LEIGO CELEBRAR A CEIA DO SENHOR?

As reflexões que aqui articulamos querem ser compreendidas como uma resposta teórica a problemas concretos. Não são, portanto, especulações feitas no interesse da teoria (teológica), mas no interesse de uma prática.

1. Desafios teológicos de uma prática de celebração

Partimos de constatações e de fatos; tentaremos captar os desafios que eles representam à teologia. As constatações e fatos são os seguintes:

— Existe, no caso bem concreto da América Latina e especificamente do Brasil, uma carência crônica de ministros ordenados, para a qual não se vê solução a curto e a médio prazos. As estatísticas oficiais apontam 1,8 padre para cada 10.000 fiéis, e essa proporção tende a se deteriorar.[1]

— Em contrapartida, multiplicam-se em quase todos os países as Comunidades Eclesiais de Base, as quais constituem uma vasta rede e são, como confessam os bispos em Puebla, "um dos motivos de alegria

---

[1] R. Laurentin, *Nouxeaux ministères et fin du clergè*, Paris, 1971, p. 90-93.

e de esperança para a Igreja" (n. 626). Elas raramente contam, com ministros ordenados; em compensação, existem bons coordenadores leigos, ao lado de uma efervescência notável de novos ministérios. Essas comunidades anseiam ardentemente pela celebração eucarística.

— O Vaticano II, resumindo a Tradição, diz com acerto que "não se edifica nenhuma comunidade cristã se ela não tiver como raiz e centro a celebração da Santíssima Eucaristia" (PO 6), porque "ela significa e realiza a unidade da Igreja" (UR 2) e os fiéis são um só corpo em Cristo, comungando o Corpo de Cristo (conferir LG 3); por isso "a celebração do sacrifício eucarístico é o centro e o cume de toda a vida da comunidade cristã" (CD 30). Com razão diz o Senhor: "Se não comerdes a carne do Filho do Homem e não beberdes o seu sangue não tereis a vida em vós" (Jo 6,53); "fazei isto em minha memória" (Lc 22,19; 1Cor 11,25). As comunidades sofrem com a ausência das celebrações eucarísticas por causa da insuficiência de ministros ordenados.

— Persiste a seguinte práxis oficial na Igreja: um sacerdote pode celebrar a eucaristia sem a comunidade, mas uma comunidade não pode celebrar a eucaristia sem o sacerdote.

— Entretanto, em muitas comunidades, sofrendo com a ausência do ministro ordenado, desejosas de sua presença, ansiosas da comunhão do corpo e do sangue do Senhor, sentindo-se em união de fé com a Igreja do bispo e do pároco vizinhos, "com alegria e simplicidade de coração" (At 2,46) fazem suas reuniões, nas quais celebram, sob a presidência do coordenador da comunidade, a Ceia do Senhor. Geralmente ocorre nas festas litúrgicas maiores, especialmente quando se faz um encontro de várias comunidades regionais. Após um a dois dias de fraterna convivência de orações, reflexões sobre a Palavra de Deus, discussões sobre seus problemas vitais, espontaneamente emerge a necessidade de uma celebração mais solene que expresse a vida comunitária e ratifique a alegria do encontro dos irmãos. Num contexto como esse, celebra-se a Ceia do Senhor. Ela guarda uma analogia com a missa em sentido canônico-litúrgico: leitura da Palavra de Deus, reflexão compartida por todos, revisão de vida e penitência, oferecimento dos alimentos que na região guardam forte densidade simbólica — ou então o pão e o vinho —, leitura do relato da última ceia, oração do pai-nosso, comunhão e despedida. Tudo isso é entremeado de cânticos, muitas vezes feitos na própria comunidade. O presidente dessa celebração é leigo, não possui nenhuma investidura eclesiástica; evidentemente, quando um sacerdote está presente é ele que assume a presidência da celebração eucarística. Nessa celebração leiga se alcança aquilo que o Vaticano II diz da Eucaristia como fonte e ápice da vida cristã (LG 11) e de toda a evangelização (PO 5).

— À medida que as comunidades crescem, elas se provêem dos serviços que atendem às suas necessidades.[2] A consciência de que todos são Igreja e todos são responsáveis aguça a pergunta: já que nossos coordenadores fazem pastoralmente tudo o que o ministro ordenado faz, por que não podem eles consagrar e perdoar? Quando um teólogo passa pelas Comunidade de Base — é o meu testemunho pessoal e de tantos outros — ouve infalivelmente a pergunta: que valor possuem nossas celebrações? O que impede que nosso coordenador consagre, a título de ministro extraordinário da eucaristia? Cristo já não está presente na comunidade? Por que o leigo que preside e exerce um real ministério e uma verdadeira diaconia não pode colocar os sinais sacramentais da presença já dada de Cristo?

2. Possíveis respostas teológicas

Antes de tudo, devemos dizer que semelhantes interpelações não atingem unicamente o teólogo, mas toda a comunidade cristã e de modo direto os responsáveis pela condução global da Igreja (Papa, Sínodo, Conferências Episcopais). Mas, no nível institucional, notamos imobilismo e indiferença diante das urgências eucarísticas das

---

[2]Conferir C. Mesters, "O futuro do nosso passado", in *A Igreja que nasce do povo*, Petrópolis, 1975, p. 137s; P. Ribeiro de Oliveira, *O reconhecimento de novos ministérios*, Rio de Janeiro, CERIS, 1977, p. 1-7.

comunidades. O que mais se ouve são lamentações sobre a falta crescente de sacerdotes e apelos dramáticos em prol de vocações celibatárias. Temem-se caminhos novos.

O normal seria, numa comunidade que possui a sua ordem, que esses presidentes de comunidades fossem investidos no sacramento da ordem.[3] Entretanto, tal não acontece porque não são celibatários. *De fato* ocorre que uma disciplina eclesiástica (celibato) impede o cumprimento de um mandato divino: "fazei isto em minha memória", "se não comerdes... se não beberdes..." A Igreja poderá suportar tal situação por mais tempo sem prejudicar profundamente o crescimento do número de seus membros? E haveria boas razões, até da mais primitiva tradição apostólica, para ordenar homens casados com boa inserção familiar (conferir 1Tm 3; Tt 1,5-9). Mais e mais cresce a consciência na América Latina, na África e até na Europa e nos Estados Unidos de que privar milhares e milhares de comunidades do sacramento da Eucaristia e dos benefícios inegáveis de um ministro ordenado devido à irredutibilidade em manter uma tradição que ligou um serviço necessário (presbiterato) a um carisma livre (celibato) significa uma violência indevida contra os fiéis. O imobilismo gera o comodismo, e este sacrifica a responsabilidade pastoral.

Não nos admiramos quando as comunidades encontram saídas por sua própria conta.

No que concerne ao teólogo, a questão aventada permite — simplificando — duas atitudes básicas: uma, a do imobilismo e, outra, a da criatividade. A resposta do imobilismo recita a lição oficial: as celebrações das Ceias do Senhor feitas por coordenadores leigos são inválidas pelo simples fato de eles não serem ordenados (conferir DzSch 794; 802; 1084); elas são sacramentais, e não sacramentos; no máximo, constituem paraliturgias; entretanto, não são nada, pois expressam o *votum sacramenti* e alcançam assim a *res*, a graça da presença e da comunhão (espiritual) com Cristo.

---

[3]Conferir H.-M. Legrand, "L'avenir des ministères: bilan, défis, tâches", *in Le Supplément*, n. 124 (1978), p. 21-48.

Eclesiogênese: a reinvenção da Igreja   169

A resposta da criatividade entende que a tarefa da teologia não se exaure na exposição e explicitação da doutrina oficial da Igreja. A ela *também* compete a missão de buscar respostas adequadas a problemas novos e urgentes com os recursos contidos no *depositum fidei*. Este *depositum* não se canaliza totalmente numa doutrina oficial (não é uma cisterna de águas mortas), mas permite novos caminhos que, sem negarem a doutrina oficial, mostram as reais riquezas do sacramento cristão, especialmente em casos de necessidade premente (o *depositum* como fonte de águas vivas). É o serviço que se espera da teologia. Ela deve tirar do tesouro não só coisas velhas, mas também novas (conferir Mt 13,52).

Ademais, essa questão não é somente um problema intracatólico; envolve uma dimensão ecumênica: que valor possuem as celebrações eucarísticas das Igrejas saídas da Reforma quando sabemos que seus ministros não se entendem ordenados? A reflexão católica tem avançado significativamente nessa questão.[4] Seus resulta-

---

[4]G. H. Tavard, "The function of the minister in the Eucharistic Celebration", *in JES 4* (1967), p. 629-649; idem, "Does the Protestant Ministry have Sacramental Significance", *in Continuum* 6 (1968), p. 260-261; F. J. Beeck, "Extraordinary Ministers of all or most of the Sacraments", *in JES 3* (1966), p. 57-112; P. Bläser, *et alii, Amt und Eucharistie*, Paderborn, 1973; H. Küng, *A Igreja*, vol. 2, Lisboa, 1969, p. 269-273; J. M. R. Tillard, "Le votum eucharistiae: l'Eucharistic dans la rencontre des chrétiens. InL *Miscellanea Liturgica* in onore di S", *in il Cardinale G. Lercaro*, Roma, 1967, p. 143-194; *idem*, "Catholiques romains et Anglicans: l'Eucharistie", *in* NRTh 93 (1971), p. 602-653; Y. Congar, "Quelques problèmes touchant les ministères", *in NRTh 93* (1971), p. 785-800; M. Villain, "Poderá haver sucessão apostólica fora da cadeia da imposição das mãos?", *in Concilium* abril (1968), p. 79-94; J. D. von Werdt, "Que pode o leigo sem o sacerdote?", *in Concilium, op. cit.*, p. 95-103; B. Sesbouë, *Serviteurs de l'Evangile. Les ministères dans l'Eglise*, Paris, 1971, p. 115s; J. Flamand, *La fonction pastorale. Ministère et sacerdoce au-delà de l'ecclésiologie du Vatican II*, Paris, 1970, 19s; F. Klostermann, *Priester für morgen*, Tyrolla, 1970, p. 89s; G. H. Tavard, "The Function of the Minister in the Eucharistic Celebration an ecumenical approach", *in JES 4* (1967), p. 628-649; conferir todo o número 153 (1980) de *Concilium: A comunidade cristã tem direito a um padre.*

dos podem ser aproveitados para o tema que nos ocupa, pois o que vale para as celebrações protestantes, *a fortiori* deverá valer também para as celebrações dos coordenadores leigos católicos.

A estratégia de nossa exposição obedecerá a três momentos: primeiramente far-se-á uma rápida retrospectiva histórica,[5] em segundo lugar tentaremos extrair toda a riqueza possível da doutrina oficial e fazê-la valer para o problema em pauta, e por fim trataremos de enfocar a questão segundo uma adequada eclesiologia, porquanto é na eclesiologia que residem os impasses e também as possíveis soluções.

2.1 Antigamente quem presidia também consagrava

O Novo Testamento (NT) não nos diz nada de seguro acerca da presidência da celebração eucarística. At 13,1-2 e as epístolas paulinas nos sugerem que os celebrantes eram os presidentes das comunidades, os profetas, os doutores e os apóstolos. Segundo a *Didaqué* (antes do ano 100), são profetas aqueles que presidem a Eucaristia (10,7; 13,3); os profetas e os doutores servem de referência para os epíscopos e diáconos quando estes são escolhidos para também celebrar (14,1; 15,2). Para Clemente Romano († 95) os ministros da Eucaristia são aqueles que presidem a comunidade: os epíscopos e presbíteros (44,4-6); mas eles não são figuras sacerdotais. Inácio de Antioquia († 110) diz *taxativamente*: "Que seja considerada legítima somente aquela Eucaristia que for feita sob a presidência do bispo ou daquele que ele tiver encarregado (Esm 8,1-2). O sentido é: o bispo, princípio de unidade na Igreja, é também o presidente do

---

[5]O estudo mais exaustivo foi feito por H.-M. Legrand, "La prèsidence de l'Eucharistie selon la tradition ancienne", *in Spiritus* 18 (1977), p. 409-431; no mesmo número, A. Lemaire, *Ministère et Eocharistie aux origines de l'Église*, p. 386-398; o estudo teológico mais sério é de E. Schillebeeckx, "A comunidade cristã e seus ministros", *in Concilium* 153 (1980), p. 391-430; *idem. Das Kirchliche Amt*, Düsserldorf, 1981.

sacramento da unidade, a Eucaristia. Para Justino († 150) é o presidente (*proestos*) o celebrante (1Ap 65,3; 67,5), sem qualquer conotação sacerdotal ou de sucessão apostólica. A *Traditio Apostolica* (3,4) de Hipólito (entre 217-235) deixa claro que o presidente da comunidade é também o presidente da Eucaristia. Mas há uma especificação: o bispo, escolhido por todo o povo, pela imposição das mãos de outros bispos, recebe o carisma apostólico e também o primado do sacerdócio para oferecer as oblações da santa Igreja (n. 3). É a primeira vez que o celebrante é qualificado sacerdotalmente. Para Tertuliano († 223) são os *probati seniores* que presidem a Igreja (Ap 39,5); somente de suas mãos recebemos a Eucaristia (De Corona, 3,5), pois as funções sacerdotais estão a cargo deles (De Praesc. 41,8). Para Tertuliano vigora um laço especial entre a presidência da comunidade e a presidência da Eucaristia. Entretanto, a ausência de um *ecclesiasticus ordo* não impede absolutamente as celebrações. Com todas as palavras ele afirma, num texto da época montanista mas que representa a concepção que sempre sustentou acerca do sacerdócio: "Porventura os leigos não são também sacerdotes?... Lá onde não se tiver assentado um corpo de ministros ordenados, tu, leigo, celebra a Eucaristia, batiza e sê para ti mesmo sacerdote, pois onde houver três, aí estará a Igreja, mesmo que os três sejam leigos" (De Exhort. Cast. 7,3). Mas Tertuliano insiste, repetidas vezes: *ubi necesse est*. Nisto ele se distancia dos montanistas que conferiram funções sacerdotais aos leigos sem necessidade (De Praesc. 41,5-8)[6]. Uma atestação direta da celebração da Eucaristia por leigos nos é transmitida por Teodereto de Ciro († 466) em sua *Historia Ecclesiastica* (1,23,5), quando refere a recomendação recebida por mercadores chegados a Etiópia de "se reunirem à maneira dos romanos e celebrarem os divinos mistérios". Cipriano († 258) é o primeiro a atestar por escrito (Ep. 5) a celebração da Eucaristia pelos presbíte-

---

[6]Conferir G. Otranto, "Nonne est laici sacerdotes sumus?" (Exhort. Cast. 7, 3), *in* Vetera Christianorum 8 (1971), p. 27-47.

ros sem a presença do bispo, mas jamais contra ele, o que seria um sacrilégio (Ep. 69, 9, 3; 72, 2, 1; De un. Ecl. 17). Hipólito, ao falar das ordenações, diz: "Não se imporá as mãos a um confessor (perseguido por causa da fé) para o diaconato ou para o presbiterato. Na verdade, a dignidade de presbítero equivale à honra da sua confissão. Se, porém, for ordenado bispo, ser-lhe-á imposta a mão" (Trad. Ap. 9). Portanto, sem a ordenação, o confessor celebra porque é feito presbítero, vale dizer, presidente da comunidade. A lei básica do cristianismo antigo é: *quem preside a comunidade* (pouco importam os títulos: epíscopo, presbítero, profeta, doutor, confessor) *preside por causa disto também a Eucaristia*.[7]

Analisando-se as mais antigas orações litúrgicas,[8] seja a de Hipólito, sejam outras, aparece com suficiente clareza que a presidência da celebração litúrgica é expressão da missão pastoral precípua de presidir a comunidade. Por aí se entende o célebre cânon 6 do Concílio de Calcedônia, válido até hoje para a Igreja Oriental e para a Ocidental até o século XII-XIII: "Ninguém seja ordenado de maneira absoluta, nem um padre nem um diácono, se não lhe for assinalado de uma maneira precisa, uma igreja urbana, uma igreja rural, um *martyrion* ou mosteiro. Aqueles que foram ordenados de forma absoluta, o santo Concílio decidiu que sua ordenação será nula e não acontecida... e não poderão em parte nenhuma exercer suas funções." Essa ligação entre comunidade e os encarregados de sua condução é tão estreita que a celebração jamais é somente coisa do celebrante, mas de toda a comunidade; é o que demonstra a análise do vocábulo litúrgico do primeiro milênio: "o sacerdote não sacrifica sozinho, não consagra sozinho, mas toda a comunidade dos fiéis que está com ele consagra e com ele sacrifica".[9]

---

[7]É a conclusão básica do estudo de H.-M. Legrand, acima citado.
[8]Conferir Y. Congar, "L'ecclesia ou communauté chrétienne, sujet intégral de l'action liturgique", *in La liturgie après Vatican II*, Paris, 1967, p. 241-282.
[9]Guerric d'Algny, *Serm.* 5: PL 185, 57.

As declarações do Magistério, como diremos a seguir, de que o bispo e o presbítero são os únicos ministros da celebração eucarística, como, por exemplo, reafirma Inocêncio III (DzS 794), o IV Concílio do Latrão (DzS 1084), e por sua vez Trento (DzS 1752), devem ser entendidas dentro e não fora dessa tradição milenar mais ampla. A insistência reside em afirmar que eles são os ministros ordinários; o sacerdócio comum não é fundamento para um ministério ordinário paralelo; não poderá haver legitimidade desse ministério *contra* o ministério ordinário.

E. Schillebeeckx, num notável estudo histórico-teológico,[10] perseguiu os veios desse problema nos dois milênios de celebração do gesto derradeiro do Senhor. Todo o primeiro milênio se encontra sob uma concepção pneumatológico-eclesial do ministério e do presidente da celebração eucarística. Inicialmente, incluindo mesmo o NT, o "ministério eclesiástico" não se define em relação à Eucaristia, mas em relação à apostolicidade essencial da comunidade. O decisivo é a pregação, a admoestação, a construção, a solidificação e direção da comunidade. Ser ministro tem que ver, fundamentalmente, com a direção da comunidade, pouco importa o título que recebe. À comunidade pertence o direito inalienável de celebrar a Eucaristia: "Fazei isto em minha memória." Ela celebra mediante e com o seu presidente. E esse presidente não o é porque simplesmente recebeu a investidura pela *ordinatio*. É exatamente o contrário que ocorre. Primeiramente ele é chamado e designado pela comunidade (*cheirotonia*); esse ato é entendido pela Igreja antiga como manifestação do Espírito na comunidade; destarte ele é inserido numa determinada comunidade. Em seguida, dentro de uma moldura litúrgica, faz-se a imposição das mãos (*cheirothesia*) e invoca-se o dom de Deus sobre o designado. A *ordinatio* implicava as duas coisas, mas principalmente e de forma *sine qua non* (lembre-se do 6º cânon do Concílio de Calcedônia, anteriormente referido) a designação pela comunidade.

---

[10]"A comunidade cristã e seus ministros", in *Concilium* 153 (1980), p. 391-430; *Das kirchliche Amt, op. cit.*

Por essa inserção na comunidade, o presidente recebe todas as faculdades necessárias para a condução de sua comunidade — também a de presidir a celebração eucarística.[11]

"A conclusão de tudo isto é a seguinte", nos diz Schillebeeckx: "era impensável na antiga Igreja uma situação em que uma comunidade não poderia celebrar a Eucaristia por falta de bispo ou sacerdote: 'sem dirigente, não há Igreja', disse São Jerônimo. O presidente da comunidade tem, em virtude do direito da comunidade, também o direito de presidir a Eucaristia. A comunidade, sendo uma comunidade que celebra a Eucaristia, não poderá viver evangelicamente sem Eucaristia. Na falta de um presidente, ela escolhe um candidato capaz dentre os seus componentes. Pois é a identidade evangélica e a vitalidade cristã de uma comunidade que aqui estão em jogo."[12]

Na mentalidade da Igreja do primeiro milênio, o presidente ou coordenador de nossas Comunidades de Base, coordenador escolhido pela comunidade e aceito por outras Igrejas e por seu bispo, seria o presidente natural da celebração da Ceia do Senhor. A conexão é diversa daquela que atualmente possuímos na Igreja; nesta, a conexão está entre o sacerdote ordenado e o sacramento da Eucaristia. Na Igreja antiga, estava entre o dirigente e a comunidade, comunidade esta que tem o direito de celebrar a Eucaristia. Ao celebrar sua Eucaristia, ela é presidida pelo dirigente que escolheu oficialmente e lhe impôs as mãos; ele então concelebra e co-consagra com a comunidade. A sacerdotalização do presidente é tardia, testemunhada por São Cipriano e Hipólito. Inicialmente se alegorizava o sacrifício eucarístico com os sacrifícios da antiga Aliança, o bispo como sumo sacerdote. Atente-se que somente o bispo era alegorizado com o sacerdote, pois ele era o dirigente normal da comunidade. Quando, com o correr do tempo, também os presbíteros se tornaram dirigentes de comunidade e assim presi-

---

[11] *Idem.*, p. 398.
[12] *Idem, ibidem.*

diam à Eucaristia, então também a eles se aplicou o título de sacerdote, *secundi meriti*, por um mérito segundo, em subordinação ao presidente-bispo.[13] Mas essa incipiente sacerdotalização não muda a tônica básica de todo primeiro milênio, que se funda na conexão comunidade-dirigente. Ocorre que em alguns autores o dirigente, além de outros títulos, ganhou também o de sacerdote.

O segundo milênio está sob o signo de uma fundamentação diretamente cristológica e privatizante do ministério. As disputas feudais entre o *Imperium* e o *Sacerdotium*, o conseqüente desenvolvimento da canonística que elaborou uma concepção da autoridade como um valor em si mesma, desligado da comunidade (ontologização da *sacra potestas*), a necessidade de garantir a subsistência do clero, obrigando a criação do *beneficium*, razões extrateológicas e seculares levaram a deslocar os pólos dos quais se articulava a compreensão do ministério eclesial. Em vez da designação-inserção na comunidade, passou-se a dar mais valor à imposição das mãos, independentemente da comunidade. O *caráter* do sacramento da Ordem, que para os grandes mestres medievais ainda exprimia o nexo entre a comunidade e o ministro,[14] é ontologizado; vem entendido como o meio pelo qual o sacerdote participa diretamente do sacerdócio de Cristo. Agora ele constitui, ontologicamente, uma classe específica de cristãos ao lado dos simples batizados (sacerdotes comuns). Ele pode ser ordenado de forma absoluta, sem ligar-se a nenhuma comunidade. Ligado diretamente a Cristo, ele presencializa Cristo e ganha a *potestas conficiendi Corpus Domini*, de consagrar as espécies eucarísticas. Mesmo assim privatizado, só é válida sua ação na comunhão com a Igreja e sempre querendo fazer o que a Igreja faz. Apesar disso, é, no fundo, um ministério sem uma eclesiologia prévia; sustenta-se apenas numa cristologia, de corte ontológico e privatizante. O Vaticano II procurou

---

[13]*Idem*, p. 404. Conferir B. Botte, "Secundi meriti munus", *in Questions Liturgiques et Paroissiales* 21 (1936), p. 84-88.
[14] *Idem*, p. 412.

um compromisso entre as duas grandes correntes eclesiológicas — uma da *communio* e outra da *sacra potestas* — sem entretanto definir um novo perfil do ministério eclesial.

Os dois milênios de história da Igreja deixam claro a importância do fator histórico na constituição dos vários serviços e das formas de autoridade eclesial. A comunidade nunca deixou de ser coordenada; sempre existiram dirigentes, seja nos quadros de uma eclesiologia do consenso (primeiro milênio), seja nos parâmetros de uma eclesiologia da autoridade (segundo milênio). Tanto uma quanto a outra forma salvaguardaram a ordem da comunidade.

Hoje somos confrontados com práticas que certamente não querem ser *contra ordinem*, mas que são, efetivamente, *praeter ordinem*. A história também nos convence que, muitas vezes, tais práticas à margem da ordem acabaram por dinamizar a ordem e lhe conferiram uma expressão eclesial nova, sendo então incorporadas oficialmente. Perguntamo-nos se ao lado dos ministros ordenados de todos os sacramentos não poderão valer também ministros extraordinários?

A constatação de que a mais antiga tradição rezava "quem preside também consagra" abre a porta para uma compreensão eclesiológica das celebrações feitas nas comunidades que se encontram privadas do ministro ordenado e que daquela forma satisfazem a seu desejo de uma presença sacramental do Senhor no seu meio.

O problema possui também uma faceta ecumênica; a reflexão já feita sobre o tema em tela pode ajudar a solidificar a argumentação que estamos aduzindo. Nesse nível busca-se compreender as celebrações das Igrejas cristãs não católico-romanas por dois caminhos, articulados um com o outro: pelo caminho da Eucaristia que já vem sendo celebrada na comunidade e pelo caminho do batismo e seu valor de base como porta que abre a todos os demais sacramentos. Apliquemos esse tipo de reflexão ao caso que nos interessa.

2.2 O pólo eucarístico: o valor da doutrina apostólica sobre a Eucaristia

Parte-se do fato de que nas Igrejas saídas da Reforma já se celebra a Ceia do Senhor, em *bona fide* e, atualmente, sem qualquer afecção contra a Igreja católica-romana. Os ministros são como tais aceitos por suas respectivas comunidades, como habilitados para presidirem as celebrações. A validade delas não depende tanto da apostolicidade entendida como imposição das mãos, mas como sucessão apostólica, entendida como fidelidade substancial à doutrina apostólica acerca da presença do Senhor na celebração de seu gesto derradeiro e da atualização de seu sacrifício.

Existe a tendência do lado católico de superar uma compreensão meramente jurídico-formal de uma sucessão apostólica apenas mediante a imposição das mãos, considerada ordenação sacerdotal.

Primeiramente não basta uma mecânica imposição das mãos; supõe e exige concordância com a doutrina dos apóstolos. É em função da *doctrina apostolica* que existe a *successio apostolica*. Em segundo lugar, porque a apostolicidade não é uma nota de alguns membros da Igreja, mas de toda a Igreja. Há verdadeira sucessão apostólica na herança da fé apostólica, no testemunho do Senhor morto e ressuscitado, nos serviços comunitários, na missão, no serviço preferencial aos pobres. "Não é a sucessão apostólica que faz a Igreja Católica, mas é a catolicidade da Igreja que garante a sucessão apostólica."[15] A transmissão da graça sacramental e da sucessão apostólica não se faria, portanto, por uma canalização que vai dos apóstolos até os ministros de hoje, mas pela certeza da conformidade da doutrina eucarística de hoje com aquela herdada dos apóstolos e da tradição católica. O decisivo para o valor sacramental reside na aceitação da fé no Senhor presente e vivo na celebração eucarística e que nela se representa, além da última ceia,

---

[15] G. H. Tavard, "Does the protestant ministry have sacramental significance?", *in* Continuum 6 (1968), p. 267.

o sacrifício de Cristo. A eucaristia daqueles ministros não ligados à tradição da imposição das mãos seria válida e sacramental mercê da doutrina apostólica acerca da real presença de Cristo, e não mercê da famosa sucessão apostólica da imposição das mãos.

Ora, nas Comunidades de Base, as celebrações da Ceia do Senhor ganhariam seu valor graças à fé católica que vivem, de que realmente aí se presencializa o Ressuscitado.

2.3. O pólo batismal: a Igreja toda sacerdotal

Outra tentativa de solução pode ser encontrada no batismo compreendido em toda a sua riqueza. Porque é o sacramento de iniciação por excelência, ele contém de certa forma toda a riqueza mistérica e sacramental em si. Pelo batismo toda a comunidade se faz sacerdotal. O sacramento da Ordem não é o sacramento do bispo ou do padre, mas da fé e da Igreja. Por isso o sacerdócio ministerial (do bispo e do padre), mesmo que se diga que é, não por grau mas por essência, diverso daquele universal, se encontra com este no mesmo e único sacerdócio de Cristo. Ele existe em benefício de todo o povo sacerdotal de Deus. Segundo a teologia tomista, o próprio batismo encerra o *votum* pela Eucaristia que permite a comunhão máxima intencionada pelo batismo. Normalmente a comunidade se provê de seus ministros ordinários, que presidem a comunidade em tudo: na fé, na caridade, na condução e nas celebrações. Mas podem ocorrer situações extraordinárias, como é o caso das divisões ocorridas no século XVI. Pode haver para situações extraordinárias, ministros extraordinários? A história dos sacramentos nos refere que para todos ou quase todos os sacramentos existem seus respectivos ministros extraordinários: para o batismo, confirmação, matrimônio, unção dos enfermos, penitência (dos leigos). Pode haver para a Eucaristia? A história que citamos anteriormente mostra que no início os ministros ordinários eram os epíscopos (presidentes etc.), que podiam também encarregar outros. O Concílio antidonatista de Arles (314 d.C.) promulga o seguinte cânon: "Aos diáconos, que sabemos que celebram a Eucaristia em muitos lugares, instamos que reduzam as celebrações ao mínimo" (Mansi 11, 469; Kirch 373).[16] Na perseguição de Diocleciano (ano 303 d.C. a 311 d.C.), eles provavelmente substituíam os presbíteros e epíscopos. Sabemos também que os Papas Bonifácio IX, Martinho V e Inocêncio VIII delegaram a abades o poder de ordenar "todas as ordens" (DzS 1290; conferir DzS 1145, 1146, 1435), na qualidade de ministros extraordinários. A figura do ministro extraordinário de si não parece ser impossível. A ausência de um ministro ordenado e a presença da necessidade e do desejo parecem não constituir obstáculo absoluto para a realização da celebração eucarística. O sacerdócio comum dos fiéis permitiria ao presidente da comunidade tornar visível, quer dizer, sacramental, a ação sacerdotal e eucarística de Cristo. Destarte, tanto os ministros das Igrejas da Reforma quanto os coordenadores das comunidades, reconhecidos como princípios de unidade e de comunhão, celebrariam verdadeiramente a Ceia do Senhor.

Cristo, portanto, estaria sacramentalmente presente. Mas existem graus de densidade e de presença, dependendo dos níveis de realização da densidade sacramental da própria Igreja.[17] Sua sacramentalidade não é monolítica e homogênea, pois ela pode conhecer divisões e rupturas em sua unidade, também em sua doutrina e caridade. A Eucaristia, sacramento da unidade (feito e sempre por fazer), participa destes distintos graus. Somente na escatologia o sacramento será pleno, daquela plenitude que expressa a transparência de Cristo em sua comunidade sacerdotal. Por falta do minis-

---

[16]Uma exegese desse cânon encontramos em F. J. Beeck, *Toward an ecumenical Understanding of the Sacraments, op. cit.*, p. 81-86.
[17]Para todo esse complexo problema remetemos nossa obra *Die Kirche als Sakrament im Horizont der Walterfahrung*, Paderborn, 1972, p. 377-412.

tro ordenado, o sacramento é incompleto, embora a presença de Cristo seja real e verdadeira, mas não *sacramentalmente* plena. Tudo isso vale para situações extraordinárias? Mas e se o extraordinário se torna, como é o caso da América Latina, ordinário, normal e regra? Podem as comunidades se conformar em viver permanentemente privadas do sacramento máximo de nossa fé? Se uma comunidade já bem iniciada no mistério cristão e que vive em comunhão com as demais almejar a presença sacramental de Cristo, e não apenas a graça eucarística em virtude do *votum eucharistiae* (desejo da eucaristia), que poderemos dizer-lhe? Deverá a teologia recitar-lhe a fórmula clássica e negar-lhe o direito de participar das celebrações? Creio que a teologia possui uma reserva de possibilidades que nasce de uma eclesiologia mais adequada, baseada antes na comunhão do que nos poderes sagrados. Essa eclesiologia da comunhão, no interior da qual emergem os distintos serviços, é hoje, em nossa conjuntura de grave crise ministerial, evocada e solicitada a dar todos os bons frutos que pode dar.

3. O coordenador como ministro extraordinário da Ceia do Senhor

Trata-se, fundamentalmente, de reconhecer a situação extraordinária que provoca também uma solução extraordinária, que é a aparição do ministro extraordinário da celebração da Ceia do Senhor. A necessidade não conhece lei; entretanto, ela não gera, *ipso facto*, anarquia; mas abre o caminho para que as forças da vida eclesial e o dinamismo do Espírito que permeia a comunidade cristã possam encontrar outras expressões. A *ordo caritatis* e a solicitude pela *salus animarum* estão na base dos sistemas jurídicos, como se pode constatar ainda no último cânon (1752) do Código de Direito Canônico de 1983, mas não exaurem todas as potencialidades inerentes do depósito da fé viva. É por causa dessa perspectiva, sempre presente na história da Igreja, que se fala da teologia do *supplet Ecclesia*, da *oeconomia salutis* e do ministro extraordinário.[18] Por outro lado, é imprescindível iniciar com uma perspectiva eclesiológica adequada. Em vez de priorizarmos os poderes transmitidos (concepção jurídico-formal da sucessão apostólica), partimos da comunidade de fé na qual o Espírito vigora e faz suscitar, a bem dela, vários serviços e carismas. O eixo articulador, portanto, é outro: não uma referência histórica ao passado, mediante a sucessão linear, mas uma referência à presença hoje do Ressuscitado e de seu Espírito no meio da comunidade, construindo-a constantemente como comunidade de discípulos. Esta comunidade é toda ela sacramento fundamental; toda ela é sacerdotal, e o é diretamente, sem a mediação do ministro ordenado, pelo fato da fé e do batismo. Destarte, os fiéis são inseridos em Cristo, e Cristo com todos os seus poderes se faz presente e atuante na comunidade. Fé e batismo constituem, na verdade, a realidade mínima da Igreja, sacramento da salvação universal. Ser sinal e instrumento (sacramento) da vitória de Cristo, atualizá-la em todas as dimensões da vida, da sociedade, da piedade, do culto etc. é tarefa de toda a Igreja, e não somente de alguns. Certamente, nem todos são apóstolos, nem profetas, nem doutores (conferir 1Cor 12,4.28), mas cada qual recebeu de Deus a sua própria função (conferir1Cor 7,7), sempre para a utilidade comum (1Cor 12,7). Todos testemunham, são responsáveis pela verdade e pela unidade, rezam e participam do ministério da reconciliação (conferir 2Cor 5,18-20). Os fiéis não ocupam *ex officio* os encargos da condução, mas nem por isso deixam de ser co-responsáveis pela unidade; eles também oferecem a Eucaristia e celebram e constituem com os ministros o sujeito integral da ação litúrgica.

Inicialmente, portanto, não há um "frente a frente": de um lado, os fiéis, sem poder eclesiológico nenhum, e de outro, os mi-

---

[18]Y. Congar, "Supplet ecclesia: propos en vue d'une théologie de l'économie dans la tradition latine", *in Irénikon*, 1972, p. 155-207.

nistros ordenados, cheios de poderes divinos. O que há primariamente é uma profunda comunidade sacerdotal profética e real. Ela se organiza internamente, isto é, ela hierarquiza e institucionaliza suas funções. Cada sacramento particular detalha e concretiza para as várias situações da comunidade o sacramento primordial da Igreja. Os sacramentos não podem ser considerados em si mesmos, tais quais átomos carregados de energia salvífica que outros atos não possuem. Eles são expressões concretas do sacramento primordial que é a Igreja. Isso vale também para o sacramento da Ordem: a Igreja toda sacerdotal específica, mediante um rito próprio, essa função sacerdotal conferindo-lhe um caráter público e oficial, ordenando quem foi chamado pelo Espírito, a bem de toda a comunidade. A Ordem não confere, portanto, algo exclusivo, sem o qual a Igreja seria essencialmente afetada. A relação é inversa: o sacramento da Ordem é expressão explícita, pública, organizada e oficial do carisma de unidade, presidência e celebração, do qual a Igreja-comunidade é portadora permanente. Pelo fato de o ministro ordenado expressar oficialmente a dimensão sacerdotal de todos, cabe a ele a presidência das celebrações da Eucaristia.

O que confere de específico o sacramento da Ordem? Confere *ex officio* a condução da comunidade em nome de Cristo. Isso implica também que o ministro ordenado aja na condução da vida litúrgica, *in persona Christi Capitis* (PO 2) e com referência aos sacramentos tenha a *potestas conficiendi*. Tudo depende de como se deva entender esse *poder*. O certo é que não podemos constituir um poder concorrente ao sacerdócio definitivo e escatológico de Jesus Cristo, único mediador. Depois de Cristo não poderá haver mais um sacerdócio a *título próprio*, mas *re-presentativo* daquele único de Cristo. Cristo está presente, mas é invisível (não é sacramental). O ministro cristão (sentido primitivo de minister) empresta visibilidade (com tudo o que está implicado numa celebração) ao ministério sacerdotal de Cristo. É Cristo quem consagra, quem batiza e quem perdoa mediante o ministro ordenado que recebeu o poder de "fazer" publicamente, em nome de Cristo e da comunidade, o sacramento. O poder do presbítero não é propriamente um poder de consagrar — este poder pertence a Cristo —, mas um poder de *re-presentar realmente* (*potestas conficiendi*) o poder de consagrar de Cristo.

O serviço de sacramentalizar Cristo na Igreja é função ordinária do ministro ordenado. Pergunta-se: Essa função é exclusiva dele, ou em caso de necessidade — ou de uma falta prolongada, sem culpa da comunidade, de um ministro ordenado — poderia o coordenador da comunidade, reconhecido como tal, agir como *ministro extraordinário*? Cremos que existem dados teológicos suficientemente assegurados, considerando também a práxis da Igreja antiga de que aquele que preside a comunidade preside também a celebração litúrgica, que nos permitem propor as seguintes hipóteses:

— A comunidade necessitada está, mediante a reta doutrina — especialmente acerca da Eucaristia —, na fé e na sucessão apostólica.

— A comunidade toda, mercê da fé e do batismo, é constituída em comunidade sacerdotal; nela Cristo está presente, exercendo seu ministério sacerdotal.

— A comunidade toda é sacramento da salvação universal, porque é presença local da Igreja universal.

— A comunidade está, por seus coordenadores, em comunhão com as demais Igrejas-irmãs e com a Igreja universal, que reconhecem a diaconia dos coordenadores.

— A comunidade quer ardentemente o sacramento da Eucaristia.

— A comunidade se vê privada dele por longo tempo, de forma irremediável, sem culpa e sem ter expulsado o ministro do seu seio.

— Então a comunidade, em função dessas premissas, já tem acesso pelo *votum sacramenti* à graça eucarística (*res*).

— Se ela delegar ao coordenador a presidência da celebração da Ceia do Senhor, ela também tem os sinais sacramentais (*sacramentum* e também a *res et sacramentum*).

— A comunidade, assim nos parece, celebraria verdadeira, real e sacramentalmente a ceia *praeter ordinem*, mas não *contra ordinem* ou *contra Ecclesiam* na *bona fides* de fazer aquilo que em todas as Igrejas o ministro ordinário faz. Cristo presente na comunidade, mas invisível, far-se-ia na pessoa do coordenador não ordenado, sacramentalmente visível.

— Embora haja presença sacramental do sumo sacerdote, o sacramento é *incompleto*, porque é feito fora da Ordem, vale dizer, porque falta ao coordenador a ordenação no sagrado ministério presbiteral. A Igreja, sacramento-raiz de todos os demais sacramentos, tornaria válida, por via da *oeconomia* (*supplet Ecclesia*) a celebração litúrgica da comunidade reunida, expressão local da Igreja universal.

— O celebrante não ordenado seria ministro extraordinário do sacramento da Eucaristia; porque é extraordinário seria sempre *ad hoc* e jamais seria fundamento para uma práxis ordinária, não constituindo um ministério paralelo àquele ordinário, ordenado no sacramento da Ordem,[19] nem se estabeleceria uma Igreja paralela.

---

[19]Conferir o que, dramaticamente, nos narra P. Domon, "Les premiers ministères dans l'Église de Corée", in *Spiritus* 19 (1978), p. 62-75: "O leigo I Seung-Houn, de 40 anos, refundou a Igreja na Coréia em 1784. Organizou uma estrutura sinodal e colegial com os ministérios da evangelização, do batismo, da reconciliação e da Eucaristia. Deixou-se instruir pelos jesuítas de Pequim, levando consigo as Escrituras. Em 1786, após a confissão, o povo unanimemente pediu que celebrasse a Eucaristia. Quando se perguntou pela legitimidade, pois I Seung-Houn era leigo, 'todos responderam a uma voz que não celebrar o santo sacrifício significa privar-se de um alimento espiritual e expor a nossa salvação a uma perda irreparável' (p. 71). E ele conferiu esse poder a outros 10 escolhidos na comunidade. Seung-Houn jamais cessou de reconhecer a autoridade da Igreja de Pequim. Mas ocorreu que em 1789 um dos 10 'ordenados' estudou teologicamente o problema e deu-se conta de que, segundo as normas vigentes, aprovadas pelo Papa S. Gregório, precisavam do sacramento da Ordem. Alarmou Seung-Houn que, temeroso de romper com a comunhão eclesial, suspendeu as celebrações eucarísticas. Envia carta ao bispo de Pequim explicando tudo e pedindo misericórdia e compreensão. É compreendido. Em 1794 recebeu um sacerdote ordenado, segundo os cânones vigentes, e imensa foi a alegria da comunidade. Não caberia distinguir o problema disciplinar daquele teológico? Não seriam os 10 'ordenados', de fato, ministros extraordinários da Ceia do Senhor? Não trariam eles, sacramentalmente, o Cristo para a comunidade reunida?"

— A celebração da comunidade não deve ser chamada de missa, pois missa é uma realidade bem definida teológica, litúrgica e canonicamente. Poderá ser chamada de *celebração da Ceia do Senhor*, dentro de uma ritualização organizada pela própria comunidade na qual apareça claramente o caráter memorial de Ceia de sacrifício e de presença eucarística de Cristo. Assim, evitar-se-iam confusões e restaria a certeza de que o Senhor já presente na comunidade densificaria essa sua inefável presença sob o rito da celebração de sua derradeira ceia. E uma vez mais se cumpre o mandato: "Fazei isto em memória de mim!"

4. Anexo: celebração da Ceia do Senhor numa Comunidade Eclesial de Base

Apresentamos a seguir o ritual de uma celebração da Ceia do Senhor, numa Quinta-Feira Santa, numa Comunidade Eclesial de Base do interior. O texto é proveniente da coordenação de pastoral de uma diocese, distribuído em todas as comunidades, como normalmente se faz, a título de subsídio litúrgico-catequético. Foi em tais celebrações que pensamos ao escrevermos o estudo anterior.

— *Preparação do lugar:* O lugar de reunião deve estar enfeitado com flores, em sinal de festa. No centro, em cima de uma mesa ou no chão, em cima de uma toalha, coloca-se tudo o que foi trazido para comer. Preparar um chá ou refresco. De um lado da mesa, um prato com bolo de aipim (mandioca ou macaxeira) ou tapioca e refresco de açaí, graviola, caju ou maracujá.
— *Sentido do encontro:* Jesus ama os seus até o fim. Ele sabia que o plano para matá-lo estava pronto. Ele dá a grande lei de sua mensagem: amar como Ele amou. E deixa o sinal desse amor entre os homens: a Eucaristia, ou a missa. É isso o que o grupo vai lembrar e viver. É um dia de festa. Por isso o lugar de reunião está enfeitado. A comida no centro é para

lembrar de maneira mais visível a última Ceia de Jesus e a fraternidade do grupo.

— *Celebração:* O monitor explica que a comunidade irá reviver o gesto de Jesus com comida e bebida que o povo da região costuma comer e que é produzida pelas terras que eles conhecem.

- Canto que fale de união e de fraternidade.
- Oração de agradecimento e de louvor.
- Pega-se o prato com o bolo de aipim ou tapioca e coloca-se diante do mais velho, de uma pessoa escolhida pelo monitor ou do próprio monitor. Em seguida, essa pessoa pega o bolo, parte e repete mais ou menos as palavras de Jesus que estão em Mt 26,26: "Peguem e comam; isto é o meu corpo!" E distribui um pedacinho para todos os presentes.
- Com muito respeito todos comem em silêncio. É uma cerimônia sagrada que lembra o que Jesus fez. Um momento de silêncio.
- Depois de todos comerem, a mesma pessoa pega o refresco de frutas e diz as palavras de Mt 26,27-27: "Bebei dele todos, pois este é o meu sangue do Testamento, que será derramado por muitos em remissão dos pecados".
- Distribui-se o refresco em vários copos ou latas para todos; sempre em silêncio e com respeito.
- Depois de um tempo de silêncio, pode-se cantar. São escolhidos cantos adequados ao gesto: "Os cristãos tinham tudo em comum", ou outro canto que fale sobre união.

— *Compromisso de serviço:* Terminada a cerimônia da Ceia, passa-se para a que lembra o gesto de serviço de Jesus: o lava-pés dos discípulos. É o gesto do serviço. Hoje todos devem fazer o mesmo.

- Canto que fale de mútua ajuda e de serviço.
- Leitura do Evangelho de João 13,1-17 (quem desejar pode dramatizar).
- Uma pessoa indicada anteriormente faz um breve comentário, dizendo que todos devem fazer o mesmo: servir ao irmão e

ajudar todos. Termina ao dizer que no grupo ou comunidade há pessoas que estão servindo de maneira especial à comunidade: são os coordenadores, monitores, catequistas, ministros dos enfermos, do matrimônio (dizer o nome de todos aqueles que realizam um serviço na comunidade).

- Todos de pé.
- O monitor, catequista ou quem desenvolve algum serviço na comunidade, com suas próprias palavras, faz um compromisso de continuar a trabalhar pela comunidade, a serviço dos irmãos. Os presentes podem fazer perguntas, e eles então respondem.
- Quando acaba de falar, ajoelham-se. Os outros de pé levantam as mãos na direção deles e cantam ao Espírito Santo, como: "A nós descei divina luz", ou "Derrama, Senhor", ou outro, repetindo duas ou três vezes.
- Para terminar, todos rezam o Pai-Nosso de mãos levantadas.
- O monitor, coordenador e as pessoas que têm compromisso na comunidade começam a servir aos presentes a comida que foi trazida e está em cima da mesa, ou em cima da toalha no chão. Todos comem alegres, numa grande confraternização.

REFERÊNCIAS BIBLIOGRÁFICAS

B. SESBOÜÉ, *Serviteurs de l'Evangile*, Les ministères dans l'Eglise, Paris, 1971, p. 115.

D. N. POWER, *Ministers of Christ and His Church*. The Theology of Priesthood, Londres, 1969, p. 173; 177-178.

F. J. BEECK, "Extraordinary Ministers for all or most of the Sacraments", *in Journal of Ecumenical Studies*, 1966, p. 57-112.

F. KLOSTERMANN, *Priester für morgen*, Tyrolia, 1970, p. 89.

G. H. TAVARD, "The function of the minister in the Eucharistic Celebration", *in Journal of Ecumenical Studies 4* (1967), p. 629-649.

_____, "Does the Protestant Ministry have Sacramental Significance", *in Continuum 6* (1968), p. 260-269.

H. KÜNG, *A Igreja*, vol. 2, Lisboa, Moraes, 1969, p. 269-273.

J. D. VON WERDT, "Que pode o leigo sem o sacerdote?" *in Concilium*, abril de 1968, p. 95-103.

J. FLAMAND, *La fonction pastorale. Ministère et sacerdoce au-delà de l'ecclésiologie de Vatican II*, Paris, 1970, p. 19.

J. M. R. TILLARD, "Le votum eucharistiae: l'Eucharistie dans la rencontre des chrétiens", *in Miscellanea Liturgica in onore di S. Em. il Cardinale Giacomo Lercardo*, Roma, 1967, p. 143-194.

L. BOFF, "O sacerdócio ministerial como função da Igreja sacramento", *in Destino do homem e do mundo*, Petrópolis, Vozes, 1974, p. 108-109.

M. VILLAIN, "Poderá haver sucessão apostólica fora da cadeia da imposição das mãos?", *in Concilium*, abril de 1968, p. 79-94.

VÁRIOS AUTORES, "A comunidade cristã tem direito a um padre", *in Concilium* 153/1980, Petrópolis, Vozes, 1980.

Y. CONGAR, "Quelques problèmes touchant les ministères", *in Nouvelle Revue Théologique 93* (1971), p. 785-800, especialmente "Qu'est-ce qui est commun? Qu'est-ce qui est propre au ministre ordonné?", p. 791-795.

Capítulo XI

É POSSÍVEL O SACERDÓCIO PARA AS MULHERES?

1. O sacerdócio da mulher no horizonte de sua libertação

As Comunidades Eclesiais de Base não constituem apenas o lugar privilegiado onde se ensaia a liberdade cristã dos leigos; ela propicia também a libertação da mulher. Mais e mais nas pequenas comunidades as mulheres estão assumindo funções de liderança. Nesse contexto se destaca o problema do sacerdócio da mulher. Porque a questão é freqüentemente debatida nas bases e na própria opinião pública, oferecemos este ensaio de reflexão teológica.*

O tema — o sacerdócio da mulher — se inscreve na temática mais geral da libertação da mulher. O mundo de hoje, com mais ou menos intensidade, um pouco por todas as partes, se caracteriza pelo alargamento do campo das liberdades individuais com o perigo de uma ampliação simultânea das capacidades de estrangulamento desse mesmo âmbito de liberdade. Depois de milênios de primazia patriarcal verifica-se, em nossa época, sensível mutação de consciên-

---

*Este trabalho já estava composto quando saiu da parte da Sagrada Congregação para a Doutrina da Fé uma *Declaração sobre a questão da admissão das mulheres ao sacerdócio ministerial*, mantendo a argumentação tradicional.

cia quanto às relações entre o homem e a mulher e aos papéis que desempenham na sociedade humana.

A aspiração geral é de ver reconhecida a diferença entre os sexos, sem privilegiar particularmente nenhum deles. A tendência de nossa civilização planetária é superar o patriarcalismo e o matriarcalismo e caminhar na direção de uma sociedade de pessoas livres, associadas por sua liberdade na formação do casal e independentes quanto à realização pessoal, respeitando a diferença de um e de outro sexo e acolhendo-lhe o direito de viver a partir dessa diferença. Mais ainda. Percebe-se que a riqueza humana reside exatamente na realização do diferente de cada sexo — diferente entendido como reciprocidade e alteridade. Busca-se uma equivalência na diferença.

A autoridade entre seres diferentes, no âmbito de uma igualdade pessoal, não é tanto compreendida como função de um dos sexos (isso deu origem ao matriarcado e ao patriarcado), mas como uma função consentida entre ambos os sexos, podendo ser exercida ora por um, ora por outro.

A partir dessa tendência, a mulher está sendo cada vez mais libertada das injunções da cultura patriarcal herdada. Está passando de uma função histórica a que foi confinada, isto é, da sexualização, para a personalização.

A mulher não era compreendida a partir dela mesma, mas a partir do homem e das expectativas sociais depositadas nela por ele. Socialmente, era identificada pelo seu sexo.[1] O homem, pela sua profissão ou função social.

A mutação de consciência no relacionamento entre os sexos tende a deixar emergir a pessoa na mulher. É verdade que a sexua-

---

[1] Conferir Ph. Müller, "Problème Psychologique de la Femme d'aujourd'hui", *in Revue de Théologie et de Philosophie 3* (1973), p. 237. A mulher era vista ou como menina que se devia proteger, ou como moça disponível, a quem cabia vigiar, ou como noiva a quem se devia possuir exclusivamente, ou como esposa que sempre dependia do marido, ou como viúva que devia ficar preferentemente com os filhos. De qualquer maneira, o sexo constituía o fator determinante.

lidade desempenha sua função. Mas não é exclusiva. Ela toma seu lugar dentro do horizonte mais vasto da personalização.

A compreensão cada vez mais conseqüente da mulher como pessoa e da igualdade dos sexos diante de Deus poderá levar, lentamente, graças a Deus, ao fim de uma minoridade[2] humilhante e milenar da mulher.

Nesse processo de libertação o cristianismo nascente desempenhou um fator decisivo, pois pregava que para Deus não há acepção de pessoas, e que, por isso, "não há mais homem nem mulher, porquanto somos todos um em Cristo Jesus" (Gl 3,28). Jesus Cristo mesmo tomou a defesa da mulher contra as arbitrariedades da legislação judaica referente ao matrimônio. Vigora uma igualdade radical entre homem e mulher. Juntos e não separadamente são imagem e semelhança de Deus (Gn 1,27).

Embora em sua intenção teológica o cristianismo contenha o germe de uma completa libertação da mulher das discriminações da cultura patriarcal até há pouco vigente, em sua encarnação concreta, entretanto, aderiu às estruturas sociais discriminatórias da cultura greco-romana e judaica, permitindo a persistência delas dentro das instituições eclesiásticas até o dia de hoje. O próprio São Paulo prescreve a submissão da mulher ao marido, assim como a Igreja está submissa a Cristo (conferir Ef 5,22-23), dentro de uma analogia dificilmente aceitável nos dias de hoje.

O Direito Canônico em sua codificação de 1918 afeta, desfavoravelmente, a condição jurídica das mulheres na Igreja. Segundo o Cânon 118 é-lhes vedado o acesso aos cargos eclesiásticos que importam o poder de ordem e de jurisdição. Elas são simplesmente incapazes do

---

[2]M. Versiani, "A Mulher na Igreja. O fim de uma minoridade", in *Jornal do Brasil*, 7-5-1973, Caderno B, 1; G. Harkness, *Woman in Church and Society*, Nashville, 1972, p. 57-85; R. Ruether, *Religion and Sexism. Images of Woman in the Jewish and Christians Traditions*, Nova Iorque, 1974, p. 117-183; J. N. Aubert, *La Mujer. Antifeminismo y cristianismo*, Barcelona, 1976, p. 53-90.

sacerdócio. Conseqüentemente, são excluídas do serviço do altar ou proibidas de aproximar-se dele durante a celebração da santa missa ou de outros atos litúrgicos (c. 813). Nas Igrejas recomenda-se que estejam separadas dos homens e com a cabeça coberta (c. 1267); não lhes é permitido administrar o batismo em caso de perigo de morte, quando estiver presente um homem (c. 742); salvo caso de necessidade, não devem confessar-se fora dos confessionários (c. 910); não têm competência para agir nas causas de beatificação e canonização dos santos (c. 2004); não têm o direito de pregar (c. 1327) nem podem administrar os bens de uma paróquia (c. 1521); a mulher casada tem como domicílio necessário aquele do marido (c. 93) etc.

Após o Concílio, porém, essas desigualdades jurídicas tendem a desaparecer, e haverá, certamente, uma reestruturação jurídica geral no novo Código de Direito Canônico em preparo, referente à posição da mulher na Igreja. Assim já se lhe permite uma participação ampla na liturgia. No Brasil especialmente existe uma verdadeira diaconia litúrgica realizada por mulheres religiosas, uma diaconia catequética, diaconia da caridade e da assistência social, uma diaconia pastoral, assumindo paróquias com todas as tarefas, outrora reservadas ao sacerdote, exceto a Missa e as confissões.[3]

São também muitas as mulheres que trabalham nos vários organismos romanos do governo central da Igreja com cargos representativos de oficiais ou consultores.[4]

Até que ponto caminhará a Igreja? Irá ela e poderá ir até a completa igualdade de chances entre os sexos no acesso aos sacros ministérios, incluindo a admissão ao sacerdócio? Ou haverá estruturas, chamadas de ordem e direito divinos que lho impeçam?

---

[3]Conferir L. C. Quevedo, "Religiosas e Tarefas Presbiterais", in *Convergência* 6 (1973), p. 149-163.
[4]A. Leite, "A Mulher na Sociedade e na Igreja", in *Brotéria* 97 (1973), p. 40-49. Segundo o Anuário Pontifício de 1973, são 21 as religiosas engajadas nos organismos pontifícios.

Ultimamente os pronunciamentos de associações femininas em favor do sacerdócio conferido também à mulher têm se multiplicado.[5] "Se Deus ama as mulheres tanto quanto os homens", dizia numa entrevista recente a professora de Sociologia da Religião na Universidade de Farleigh Dickinson de Nova Jérsei, "por que então a Igreja reserva seus ministérios e cargos mais altos exclusivamente para os homens?" E comentava um teólogo brasileiro: "A mulher pode conceber um padre (física e espiritualmente); seu exemplo de mãe pode fazer com que uma criança um dia se torne um bispo. Mas jamais poderá ser, ela mesma, padre ou bispo".[6] De que adianta ter uma teoria teológica libertadora sobre a mulher (conferir Gl 3,28), se continuam a persistir práticas eclesiásticas opressoras?

A discussão teológica já se acendera, há cerca de 15 anos. As opiniões se dividem muito. Um número significativo de teólogos, exatamente pela sua qualidade, não mais considera convincente a argumentação tradicional em nome da qual se excluía a mulher da hierarquia de ordem na Igreja. Outros ainda mantêm válida essa argumentação, especialmente, devido aos testemunhos neotestamentários e da constância ininterrupta da tradição. Ecos dessa discussão e a tomada de partido decisiva a favor do sacerdócio da mulher se fizeram ouvir no Sínodo dos Bispos em Roma, por meio da intervenção do cardeal canadense George B. Flahiff. Ele resumia, sucinta mas exatamente, a argumentação de uma corrente teológica. Dizia:

"A resposta clássica, ao propor essa questão, há vinte anos, era:

a) Cristo foi um homem, não uma mulher.

b) Ele escolheu doze homens para seus primeiros pastores, nenhuma mulher.

---

[5]Conferir especialmente o apelo das mulheres canadenses: "La femme dans l'Eglise et dans la société. Mémoire des canadiennes françaises à l'Assemblée plénière de l'épiscopat canadien", in *L'Eglise Canadienne* 4 (1971).
[6]Conferir M. Versiani, *A Mulher na Igreja*. nota 2, p. 1.

c) São Paulo declarou expressamente que as mulheres devem se calar na Igreja, por isso não podem ser ministros da palavra (1Cor 14,34-35).

d) Paulo disse igualmente que, pelo fato de a mulher haver pecado por primeiro no Éden, não pode ter autoridade sobre o homem (1Tm 2,12-15).

e) A Igreja primitiva conheceu ministros femininos, particularmente no Oriente até o século VI, mas esses ministros não eram ordenados. A conclusão, portanto, era: o ministério é um *métier* somente para os homens. Que as mulheres se contentem com a sorte da Virgem Maria e das outras mulheres que cercavam Jesus: que sejam servidoras fiéis e devotadas.[7]"

"Esta demonstração histórica", concluía o cardeal Flahiff, "não pode mais ser considerada, hoje em dia, como válida". Propunha então ao Sínodo uma proposição nascida de um apelo das mulheres canadenses e assumida pelo episcopado, nos seguintes termos: "Que os representantes da Conferência Católica Canadense peçam aos seus delegados recomendar ao Santo Padre a formação imediata duma comissão mista (formada de bispos, de sacerdotes, de leigos de ambos os sexos, de religiosas e de religiosos) a fim de estudar, em profundidade, a questão dos ministérios femininos na Igreja."[8]

Em conseqüência desse apelo, a Santa Sé criou, em 3 de maio de 1973, uma comissão encarregada de estudar "a missão da mulher na Igreja e na Sociedade.[9]" Pouco tempo após, no entanto, por meio de um *memorandum* se estabeleciam os limites de semelhantes estudos. Entre outras coisas, dizia:

---

[7]"Sur les ministères féminins dans l'Eglise", in *L'Eglise Canadienne* 4 (1971), p. 286-287.
[8]*Idem, ibidem.*
[9]Conferir Sedoc, 1973.

"Desde o início da pesquisa, deve-se excluir a possibilidade da sagrada ordenação da mulher."[10]

Em que se baseia essa medida eclesiástica? O Magistério eclesiástico se apóia ainda na argumentação tradicional ou julga inoportuna, pastoral e disciplinarmente, a ordenação de mulheres?

2. Jesus: a voz masculina em defesa da mulher

Nosso trabalho tentará submeter a uma análise crítica a argumentação clássica, arrolada acima pelo cardeal Flahiff, e, por fim, procurará ressituar o problema em uma perspectiva mais ampla da missão da Igreja e do sentido de seus ministérios. Antes, contudo, convém relevar a atitude de Jesus perante a mulher de seu tempo. Isso servirá de permanente crítica para a Igreja e para as instituições que, porventura, persistam em discriminar a mulher pelo fato de ser mulher.

Se por feminista entendemos todo aquele que defende a igualdade fundamental da mulher com o homem, considerando-a pessoa e opondo-se aos organismos que a fazem ou a transformam em objeto, então Jesus Cristo foi um decisivo feminista.[11] Com efeito, a tendência geral de sua pregação ética consistia em libertar os homens de uma moral legalista e discriminadora, para uma moral de decisão, da liberdade e da fraternidade. Assim como Deus não discrimina ninguém e a todos ama (conferir Mt 5,45), o homem não deve ter acepção de pessoas. Deverá amar todos indistinta e indiscriminadamente porque todos são filhos de Deus e, portanto, irmãos entre si. Essa

---

[10]"A Missão da Mulher na Igreja", in Atualização 42/43 (1973), p. 882; A. Swidler, Woman in a Man's Church, Nova Iorque, Paulist Press, 1972.
[11]Conferir a principal bibliografia: P. Ketter, Christus und die Frauen I, Stuttgart, 1948; H. Rusche, Femmes de la Bible, témoins de la foi, Paris, 1964; "La Conception Chrétienne de la femme", in Lumière et Vie, n. 43, 1959, número especial; H. Braun, Jesus, der Mann aus Nazareth und seine Zeit, Stuttgart/Berlim, 1969, p. 96-104; L. Swidler, "Jesus Feminista", in Atualização 42/43, p. 876-880.

revolução ética criou espaço para a libertação da mulher como pessoa. Tal dimensão salta aos olhos se confrontarmos as atitudes de Jesus com a posição social da mulher na sociedade judaica. A mulher era em tudo inferior ao homem.[12] Era considerada menor mesmo casada ou viúva. Não podia, obviamente, ser circuncidada — não participava da Aliança abraâmica. O próprio Decálogo parece dirigir-se exclusivamente aos varões[13] e conta a mulher entre os objetos da propriedade do marido (Ex 20,8). Nas sinagogas as mulheres ocupavam lugares especiais, atrás de grades ou nos matroneus. Não podiam ler, nem falar, nem explicar a lei. Não contavam como testemunha, não podiam ensinar as crianças, nem sequer fazer a oração à mesa. Não podiam aprender a Lei Santa. "Quem ensinar à sua filha a Torá, é como se lhe ensinasse libidinagem.[14] É melhor queimar a Lei Santa do que entregá-la a uma mulher."[15] Além disso, a mulher menstruada se tornava a si mesma impura e tudo o que ela tocasse. Não podia aparecer em público, especialmente seguir e ouvir os rabinos (mestres). Nem o próprio marido lhe dirigia palavra em público ou diante de visitas em casa. Segundo a teologia rabínica, o judeu deve diariamente dar graças a Deus por três privilégios: *a)* por Deus não tê-lo feito nascer pagão (Goj.); *b)* por não ter nascido mulher; *c)* por não pertencer aos ignorantes da Lei.[16]

Como se comporta Jesus diante dessa tradição repressora e discriminatória? Por sua atitude, liberta o homem da carga de seu próprio passado. Revela uma abertura fraterna e reconciliadora. Deixa que venha atrás de si um grupo de mulheres da Galiléia

---
[12]A. Oepke e Gyné. *in* G. Kittel, *Theologisches Worterbuch zum NT*, Stuttgart, 1933, p. 776-790; P. Billerbeck, *Kommentar zum NT aus Talmud und Midrasch*, III, Munique, 1922/28, p. 558.
[13]P. F. Sbik, *A voz masculina em honra da feminina*, Rio de Janeiro, 1972, p. 16.
[14]Billerbeck, III, p. 468.
[15] Oepke, p. 782.
[16]Oepke, p. 776; H. Lietzmann, *An die Galater* (HNT, 10), Tubinga, 1923, p. 23.

(Lc 8,1-3; 23,49; 24,6-10; Mt 17,55-56; Mc 15,40; Jo 19,25), cujos nomes de Lucas conhece algumas como Maria Madalena; Joana, mulher de Cusa, que era intendente de Herodes; Susana, e outras (Lc 8,1-3). Apesar do escândalo dos próprios apóstolos, detém-se a conversar com uma herege, a samaritana, mulher que passara já por cinco maridos (Jo 4,27). Na grande pecadora, Madalena, que com suas lágrimas e perfumes lhe banha os pés, não vê primeiramente a decaída e a prostituta, mas uma criatura humana a ser acolhida e perdoada, contra todo o bom senso farisaico e religioso dos Simões de ontem e de hoje (Lc 7,36-50).

Com a adúltera (Jo 7,53-8,11) se dá o encontro, como diz Santo Agostinho (Hom. in Ev. Joan. 33,5), entre a miséria e a misericórdia, triunfando a misericórdia, porque antes de considerá-la objeto de sexo, vê nela a pessoa decaída que pode ser auxiliada, e não simplesmente julgada e apedrejada. São muitas as mulheres as quais Cristo auxiliou e curou, o que mostra sua soberania ao quebrar tabus sociais: a sogra de São Pedro (Mt 8,14-15; Mc 1,29-31; Lc 4,38-39); a mãe desconsolada do jovem de Naim (Lc 7,11-17); a filhinha morta de Jairo (Mt 9,18-26; Mc 5,21-43; Lc 8,40-56); a mulher que estava 18 anos encurvada (Lc 13,10-17); a pagã cananéia a quem Jesus, admirado, diz: "Mulher, grande é tua fé"; a mulher que sofria já por 12 anos de um fluxo de sangue que a tornava impura e socialmente desprezível (Mt 19,20-22; Mc 5,25-35; Lc 8,43-48) – a despeito das leis de purificação e do tabu da mulher doente, Ele, publicamente, a cura.

Em muitas de suas parábolas consta a mulher como figura principal (Mt 25,1-13; Lc 15,8-10; Mt 13,33; Lc 18,1-8; Lc 21,1-4; Lc 20,27-40; Mt 22,23-33; Mt 12,41-42; Lc 11,31-32; Lc 4,25-27; Mt 24,40-41), e nunca apresentada segundo os clichês discriminatórios do tempo. Surpreendente é a atitude de Jesus com Marta e Maria (Lc 10,38-42; Jo 11,1-12). O que um rabino ortodoxo jamais faria, o fez Jesus com toda a simplicidade: explicar questões teológicas a uma mulher que, como um discípulo, se senta aos pés do mestre (Lc 10,39).

Em todas essas referências, a mulher aparece como pessoa, filha de Deus e, por isso, tão merecedora de respeito e amor quanto os homens. Isso transparece claramente quando alguém, entusiasmado, exclama: "Feliz o seio que te trouxe e os peitos que te amamentaram." O horizonte em que se articula essa exclamação é o da mulher como sexo e mãe. Na sua resposta aparece a perspectiva em que Jesus se move: a mulher como pessoa em primeiro lugar. "Felizes, antes, aqueles que ouvem a palavra de Deus e a praticam!" (Mt 12,46-50; Mc 3,31-35; Lc 8,19-21). O homem é pessoa enquanto é ouvinte da palavra que vem do outro e do Grande Outro, e assim vive uma existência dialogal.

Das atitudes de Jesus não se deduz uma discriminação da mulher, mas sua igualdade e dignidade.

Poderá a Igreja confrontar-se com seu Divino Fundador e tomar dele a medida crítica para a sua compreensão da mulher? Num mundo em que a mulher está descobrindo sua identidade, poderá ser a Igreja um fator de libertação, ou ela servirá de substrato ideológico para legitimar situações despersonalizadoras da mulher?

À luz dessas perguntas, analisaremos a argumentação clássica aduzida contra o acesso da mulher às sagradas ordens.[17]

---

[17]A bibliografia sobre o assunto é muito vasta. Citamos aqui alguns nomes mais significativos: J. J. von Almen, *Est-il légitime de consacrer des femmes au ministère pastoral?*, Verbum Caro, 17 (1963), p. 5-26; Anônimo, "Warum nicht Priesterinnen?", in *Der Grosse Entschlus 21* (1966), p. 200-201; A. Bertholet, *Weibiches Priestertum*, Berlim, 1950; G. G. Blum, *Das Amt der Frau im Neuen Testament*, Novum Testamentum 7 (1964), p. 142-161; M. Brunning, "Priestertum der Frau?", *Stimenn der Zeit* 176 (1964/65), p. 549-552; G. Casalis, "L'Homme et la femme dans le ministère de l'Eglise", in *Etudes Théologiques et Religieuses 38* (1963), p. 27-46; Y. Congar, "La femme dans l'Eglise", in *Recherches des sciences Philosophiques et Théologiques 37* (1953), p. 763-764; J. Daniélou, "Les Ministères des femmes dans l'Eglise ancienne", in *Maison Dieu 61* (1960), p. 70-96; R. J. A. Eyden, "Die Frau im Kirchenamt. Pladoyer fur die Revision einer traditionellen Haltung", in *Wort und Wahrheit 22* (1967), p. 350-362; P. Gallay, "Ve-t-on vers un sacerdoce ministèriel des femmes dans l'Eglise catholique?", in *Prêtre et Apôtre 48* (1966),

3. Não há argumentos teológicos decisivos contra a ordenação da mulher, só disciplinares

Na adução de argumentos e textos da Escritura, a teologia foi, comumente, muito pouco crítica. Partia do fato existente de haver só homens como sacerdotes ministeriais. Esse fato era tido como um dado inquestionável. À luz disso, verificaram-se uma interpretação ideológica da Tradição e uma leitura tendenciosa das Escrituras. Esse procedimento se perpetua, mesmo entre teólogos de renome.[18] Não basta o recurso puro e simples ao que dizem a Escritura e a Tradição.

---

p. 247-248; J. Galot, "L'accesso della donna ai ministeri della Chiesa", in *Civiltà Cattolica 123* (1973), p. 316-329; S. Giner Sempere, "La mujer y la potestad de orden: incapacidad de la mujer: argumentación histórica", in *Revista Española de Derecho Canónico 9* (1954), p. 841-869; A. M. Henry, "Les ministères de la femme dans l'Eglise", in *Forma Gregis 17* (1965), p. 95-110; J. Idigoras, *La femme dans l'ordre sacré*, manuscrito, Lima, 1963, ou um resumo in *Informations Catholiques Internationales* 15, novembro, 1963, p. 32-34; *Idem*, agosto, 1965, p. 29-39; E. Krebs, "Vom Priestertum der Frau", in *Hochland 19* (1922), p. 196-215; I. Müller e L. Raming, "Kritische Auseinandersetzung mit den Gründen der katholischen Theologie betreffend den Ausschluss der Frau vom sakramentelen Priestertum", in G. Heinzelmann (org.), Zurique, 1964, p. 61-76; J. Sonnermans, "Vers l'ordination des femmes?", in *Spiritus 29* (1966), p. 403-422; E. Van Der Meer, "Priestertum der Frau", Quaestiones Disputatae 42, Friburgo, 1969; R. Gryson, *Le ministère des femmes dans l'Eglise ancienne*, Gembloux, Ducolot, 1972; Ph. Delhaye, "Rétrospective et prospective des ministères féminins dans l'Eglise", in *Revue Théologique de Louvain 3* (1972), p. 55-75; B. Gherardini, "Donne in sacris?", in *Seminarium 6* (1966), p. 179-198; F. X. Remberger, "Priestertum der Frau?", in *Theologie der Gegenwart 9* (1966), p. 30-136; E. Gösmann, "Mulher sacerdote?", in *Concilium* (1968), p. 104-113; J. Peters, "Haverá lugar para a mulher nas funções da Igreja?", in *Concilium 4* (1968), p. 114-123; L. C. Quevedo, "Religiosas e Tarefas Presbiterais", in *Convergência 6* (1973), p. 149-163, especialmente p. 159-161; J. Bodson, "La femme et le sacerdoce", in *Vie Consacrée 44* (1973), p. 332-369; G. Karkness *Woman in Church and Society*, Nashville, Abingdon Press, 1972, p. 205-220; J. M. Aubert, *La Mujer*, Barcelona, 1976, p. 171-210.

[18]Como em Grelot, Gryson, von Almen e outros.

Aqui há um problema de ordem hermenêutica. Como devemos ler a Escritura e a Tradição? Elas querem estabelecer um fato dogmático e de direito divino, ou são devedoras de um contexto cultural e teológico? Elas exprimem, adequadamente, a positividade cristã para todo ulterior decurso da história, ou são uma encarnação temporal-circunstancial do fator maior da mensagem cristã de igualdade, fraternidade e superação, entre os homens, de todas as divisões despersonalizadoras, em nome de Deus?

Ora, a mensagem cristã não se esgota numa articulação histórica. Esta será sempre limitada e, por isso, sempre passível de superação, enriquecimento e correção. A própria Igreja reconheceu como um dos sinais dos tempos de hoje a reivindicação das mulheres da paridade de direito e de fato com os homens (GS 9/227). Isso não poderá ou até deverá ser um novo lugar hermenêutico que nos permitirá, criticamente, avaliar o passado e reconhecer seus limites?

E há ainda um fato mais importante: as mulheres nunca traíram Jesus como o fizeram os "apóstolos" inclusive o principal deles, Pedro. Elas foram fiéis até o fim, ao pé da cruz e na hora do sepultamento. Acresce ainda uma constatação decisiva: elas foram as primeiras testemunhas do fato maior do cristianismo, que é a ressurreição. Elas foram "as apóstolas" para os apóstolos, como diz a Tradição. Só esse fato fundamentaria um lugar mais adequado para as mulheres na comunidade cristã.

Tendo em conta tais dados e a hermenêutica necessária dos textos, passaremos a analisar a argumentação clássica, ainda hoje defendida em certos meios teológicos.

3.1 Primeira objeção, a fidelidade histórica: Jesus Cristo foi um varão, não uma mulher

Ao reservar o sacerdócio somente aos homens, diz-se, a Igreja atualiza permanentemente a memória de que seu sacerdócio lhe vem de Jesus Cristo, que foi, historicamente, um homem bem concreto e sexuado. O sacerdote masculino age *in persona Christi* — representa, na visibilidade sacramental da Igreja, Cristo-Cabeça, isto é, a pessoa concreta de Jesus Cristo, origem de nossa salvação.

A isso devemos opor as seguintes reflexões: pertence à contingência histórica que o salvador tenha sido varão. Contudo, Jesus mesmo não fez desse fato nenhum princípio teológico. Nem insistiu, em parte nenhuma, sobre essa diferença. Antes, pelo contrário. Em suas atividades de pregador recalcou a superação de todas as divisões entre os homens. Excluiu até o fator biológico e sexual como significativo na determinação do ser novo. "Quem é minha mãe e quem são meus irmãos? Todo aquele que faz a vontade de meu Pai que está no céu, este é meu irmão, minha irmã e minha mãe" (Mt 12,50).

São João bem compreendeu a novidade do cristianismo que faz dos homens filhos de Deus: "Estes não nasceram nem de sangue, nem de vontade do homem carne, nem da vontade do homem, mas de Deus nasceram" (Jo 1,12). Com isso superou todo judaísmo como uma religião baseada no fator racial. O cristianismo certamente não poderá tolerar, como princípio dogmático, que nele se estabeleça, concernente aos ministérios, um fator de ordem sexual.

Com Jesus Cristo se inaugurou uma nova solidariedade entre homens, segundo a qual "não há mais nem grego, nem escravo, nem livre, nem homem, nem mulher, pois todos são um em Cristo Jesus" (Gl 3,28). Invocar a masculinidade de Cristo para justificar o privilégio do sacerdócio ministerial masculino é argumentar com uma dimensão biológica, que não tem nenhuma ligação com a fidelidade histórica com Jesus. Não é nesse nível que a fidelidade deve ser situada. Se o argumento valesse, então não compreenderíamos por que os sacerdotes deveriam ser somente varões, como Jesus, e não também judeus, ou melhor, galileus, como Ele. Por que o Novo Testamento, que foi escrito em grego, por que a Igreja, que falou oficialmente o grego, depois o latim e hoje as línguas do mundo, não mantiveram a fidelidade histórica, mas abandonaram a língua falada por Jesus, o arameu, e se libertaram dos costumes do judaísmo — religião e cultura do Jesus histórico? Esse argumento da fidelidade histórica traz mais problemas do que elucida a questão.

O que faz alguém representar Cristo não são fatores da carne e do sangue, mas a dimensão da fé, da adesão a Cristo e à sua Igreja. Que somente homens tenham tido até hoje, na Igreja, acesso ao sacerdócio ministerial se deve não ao fato de Cristo ter sido varão, mas a outros fatores de ordem histórica e sociológica.

3.2 Segunda objeção: Jesus Cristo escolheu somente homens para apóstolos, nenhuma mulher

Significa esse fato que era vontade explícita de Jesus Cristo — e por isso de direito divino — que nenhuma mulher tivesse autoridade apostólica, e por isso fosse também sujeito inábil, para o ministério sacerdotal? Disso não há nenhum indício na mensagem de Jesus e na Igreja primitiva. O sacerdócio e o apostolado oficial constituem uma função social.

A concretização dessa função varia consoante a sociedade e a situação cultural. Como já consideramos acima, no tempo de Jesus — embora todas as liberdades que ele, em princípio, conquistou para a mulher — era simplesmente impossível que uma mulher desempenhasse uma função religioso-social. Como já argumentava o Ambrosiaster (autor desconhecido de um comentário às 13 cartas paulinas, do século IV): "No tempo de Jesus, não se encontrou nenhuma mulher preparada para isso."[19] Elas nem podiam conhecer a Lei, como iriam explicá-la? Nem poderiam aparecer em público e entrar, com plenos direitos, na sinagoga; como, então, poderiam exercer uma função social e religiosa?

A partir disso, compreendemos como Jesus e os apóstolos não incorporaram as mulheres como testemunhas do Ressuscitado e, por isso, no colégio apostólico. Certamente se deve a isso que o primeiro testemunho escrito da Ressurreição (1Cor 15,3s) não nomeie as mulheres como testemunhas das aparições do Senhor ressuscitado, como posteriormente fazem os Evangelhos. Seu testemunho na épo-

---

[19]Comm. *in* Ep. ad 1Tm 3,11: OL 17,470.

ca não seria aceito, porque não tinha qualificação jurídica. Aqui não se trata da posição religioso-social da mulher, mas, dadas as condições ambientais, pergunta-se:

Quem poderia representar oficialmente, naquela situação cultural, Jesus Cristo e sua causa?

Somente os varões. Mas isso não significa que Jesus e a Igreja primitiva, em princípio, para todo o sempre, assim o estabelecessem de maneira irreformável e definitiva. Concluir por semelhante raciocínio seria pecar contra a mais elementar hermenêutica e destacar, absolutizando-as, frases ou situações de seu contexto vital, que é a cultura sociorreligiosa da época.

Se alguém insistir e disser: "Mas Jesus disse somente aos apóstolos, na última ceia, 'fazei isso em memória de mim', e nisso não incluiu as mulheres", então devemos perguntar: Cristo intencionou somente o consagrar, ou, muito mais, pediu o celebrar o memorial de sua morte sacrificial incluindo o comer e o beber, o rezar e o rememorar a ceia da unidade? Se a segunda alternativa for a única certa, isso significa que somente os homens podem celebrar a ceia, que as mulheres estão excluídas?

3.3 Terceira objeção: São Paulo disse que as mulheres devem se calar na Igreja. Como poderão presidir à Palavra e à Eucaristia?

Há três textos de São Paulo que enfocam a questão:[20]
1Cor 11,5: "Toda mulher que reza ou profetiza de cabeça descoberta desonra seu chefe."

---

[20]Para a exegese desses textos conferir fundamentalmente H. Van Der Meer, *Priestertum der Frau?*, Friburgo, 1969, p. 21-59; G. Dosselin, "Que la fomme se taise dans l'assemblée", in *Maison Dieu* 60 (1959), p. 183-192; F. Fitzer, *Dans Weib schweige in der Gemeinde*, Munique, 1963; J. Grelot, *L'acesso della donna neu ministeri della Chiesa*, op. cit., p. 323s.

1Cor 14,34-35: "Como em todas as Igrejas dos santos, as mulheres fiquem caladas nas Assembléias, porque não lhes é permitido tomar a palavra; mas estejam submissas como ordena a lei. Mas se querem instruir-se sobre alguma questão, perguntem a seus maridos em casa; é inconveniente para a mulher falar na comunidade eclesial."

1Tm 2,11-12: "Durante a instrução, a mulher deve ficar em silêncio, com inteira submissão. Não permito que a mulher ensine ou tenha domínio sobre o homem, mas deve permanecer calada."

Esses textos parecem de tal maneira claros que dispensariam a discussão sobre o acesso da mulher ao sacerdócio. O problema já teria sido resolvido por Paulo: se lhe não é possível nem ensinar, quanto menos consagrar![21] Tirados de seu contexto, os textos poderiam sugerir isso, mas eles devem ser interpretados de acordo com o mundo de então, onde a mulher não possuía nenhum direito público. São Paulo está encarnado em semelhante cultura. Ele espelha a situação de seu tempo; nem poderia ser de outra forma. Tirar daí uma norma para todos os tempos seria congelar a história, o que equivaleria a destruí-la ou a negá-la.

A fé cristã transcende os tempos. Mas ela aparece sempre relacionada com um tempo, com suas coordenadas de compreensão, com seus costumes, com suas leis com os papéis dos vários grupos humanos. A fé não sacraliza semelhantes encarnações. Ela entra nelas, mas nelas não se perde. Por isso, há de se distinguir sempre entre fé e teologia, entre mensagem cristã e sua expressão social, entre cristianismo e sua encarnação em um determinado e limitado universo lingüístico e cultural. Essas distinções têm, no presente caso da posição da mulher na Igreja, sua indispensável valia e necessidade, se quisermos compreender a intenção fundamental do cristianismo que não é nunca de sacralizar certas expressões culturais.

Passemos à análise dos textos.

---

[21] Conferir F. P. Sola, *Sacrae Theologie Summa IV*, BAC 73, Madri, 1953, p. 710.

O primeiro texto de 1Cor 11,5 não causa dificuldades. Aí Paulo assegura à mulher, contrariamente à tradição judaica, o direito de profetizar na comunidade eclesial. Mas deverá fazê-lo consoante as normas que no tempo eram tidas de decência e bom-tom. Hoje elas não teriam significado nenhum, porque ninguém mais usa véu para o culto.

Ainda mais. Paulo argumenta de uma maneira que para nós hoje não possui nenhuma autoridade de obrigação: "A natureza mesma nos ensina ser desonra para o homem ter os cabelos crescidos, ao passo que para a mulher, é glória tê-lo crescido" (1Cor 11,14). Essa afirmação, bem como outras referentes à mulher, são devedoras de um tipo de compreensão que não precisa nem pode mais ser a nossa, especialmente num mundo onde, como atualmente, os homens, e até os eclesiásticos – bem como ainda o Santo Papa Pio X –, trazem, gloriosamente, cabeleiras compridas. E isso não é considerado um atentado à natureza humana.

O segundo texto de 1Cor 14,34-35 oferece dois tipos de exegese. O primeiro, que ganha cada vez mais terreno[22] afirma que esses versos referentes à mulher são uma interpolação de um judeu-cristão. Os argumentos parecem ser muito ponderáveis. A admoestação interrompe o discurso paulino que trata da ordem na comunidade – de quando se deve falar e quando se deve calar. Adverte particularmente os profetas. Omitindo-se o texto referente às mulheres, pois sua situação já foi resolvida no capítulo 11, há uma seqüência lógica normal com o texto que segue imediatamente:

"(31) Porque todos podeis profetizar, cada um por sua vez, a fim de que todos se instruam e todos sejam exortados. (32) Os espíritos dos profetas estão sujeitos aos profetas" (33) porque Deus não é de

---

[22] J. Grelot, *L'acesso della donna*, op. cit., p. 323; R. Gryson, *Le ministère des femmes dans l'Eglise ancienne*, Paris, 1972; G. Fitzer, *Das Weib*, op. cit.; M. Conzelmann, *Der erste Brief an die Korinther*, Gottingen, 1969, p. 289-290, autores, entre outros, que aceitam a tese da interpolação.

desordem, mas de paz. (Omite-se o texto das mulheres: versos (34-35). (36) "Ou foi de vós que saiu a palavra de Deus? ou veio somente a vós? (37) Se alguém pensa ser profeta ou homem espiritual, deve reconhecer no que escrevo um mandamento do Senhor". Como transparece, a ordem lógica é mantida estritamente, se admitirmos a interpolação. Esta parece plausível por um elemento de ordem textual. A expressão "Igreja dos santos" é uma expressão técnica das comunidades judeu-cristãs, mas a mulher, segundo a Lei mosaica, devia sempre calar nas reuniões cultuais.

Diante disso, não se atribui a Paulo essa admoestação coibitiva, porque não devemos supor que o apóstolo, na mesma carta, se contradiga frontalmente: primeiro mandar falar (1Cor 11,5), depois ordenar calar (1Cor 14,34).

O segundo tipo de exegese não questiona a autenticidade paulina do contexto do capítulo 14, intitulado: "Normas práticas: que tudo se faça de maneira a edificar" (v. 26; conferir v. 3.4.5.12.17). Nesse contexto não se diz apenas que as mulheres calem na Igreja (1Cor 14,34: *taceant in Ecclesia*), mas também que aquele que fala em línguas igualmente deve calar (*taceat in Ecclesia*) caso não esteja presente um intérprete (v. 28). Quando alguém, na comunidade, recebe uma revelação, que fale ele e que cale o profeta (*taceat*: v. 30). Ora, dentro dessa conexão de ordem e disciplina deve também a mulher calar, quando seu falar não for para a edificação. Sem dúvida, não devemos admitir que Paulo queria que as mulheres sempre calassem na comunidade, porque não podemos honestamente supor que as mulheres, ao falarem, desedifiquem, todas as vezes, a comunidade. Nesse sentido não estaria nas intenções de Paulo estabelecer uma proibição de princípio.

Resta o terceiro texto do 1Tm 2,11-12: "...a mulher deve ficar em silêncio... não permito que a mulher ensine..." Os textos são em si mesmos claríssimos.

No entanto podem receber uma interpretação ideológica para justificar uma situação que até hoje subsiste. Se hoje as mulheres pudessem falar, como lhes caberia (já o podem, mas poderiam mais), este texto certamente não seria visto como impedimento e desobediência à admoestação paulina. Diríamos, simplesmente: Devemos entender Paulo, ou um dos seus discípulos, autor da carta, no contexto de discriminação generalizada da mulher. Pois é exatamente isso que se verifica no texto imediato ao que prescreve o silêncio das mulheres. Aí se diz taxativamente: "Quero igualmente que as mulheres estejam vestidas de modo decente, enfeitando-se com pudor e sobriedade: não com cabeleiras frisadas, ouro, pérolas ou luxuosos vestidos, mas, antes, ornadas de boas obras, como convém a mulheres que fazem profissão de piedade" (1Tm 2,9-10). Hoje passamos por cima desse "Quero" taxativo de São Paulo porque entendemos que sua palavra não pode ser manipulada para prescrições de ordem cosmética, excogitadas pela revelação e pela inspiração.

Por que a teologia insiste no silêncio da mulher e não se preocupa com sua toalete? Não é porque a passagem de 1Tm 2,11-12 se presta a justificar ideologicamente um *status* religioso ao qual só varões podem ter acesso? Mais ainda. Essa mesma epístola estabelece que para a sagração de um bispo deve-se escolher um homem de uma só mulher (1Tm 3,2)... e que mantém seus filhos submissos e em perfeita honestidade (3,4). Onde existe isso na Igreja? Se alguém casado hoje, como na Igreja Brasileira (por hipótese), fosse sagrado Bispo, dentro dos ritos e da intenção canônica, a Igreja consideraria válida essa sagração. Caso fosse mulher, consideraria inválida, talvez graças ao texto do 1Tm 2,11-12. Por que a Igreja não segue ainda hoje as prescrições muito claras, concernentes às viúvas, em 1Tm 5,3-16?

A resposta é simples e universalmente aceita: porque em nossa sociedade as viúvas ocupam outra função religiosa e social que aquela dos tempos apostólicos. Que bispos hoje poderiam repetir o que se escreve em 1Tm 6,1: "Todos aqueles que estão sob o jugo da escravidão considerem seus senhores dignos de toda a honra, para que o nome de Deus e a doutrina não sejam blasfemados"? Aos opressores modernos, a Igreja não irá anunciar-lhes a mensagem desse texto, porque compreende ela também que tal mensagem vem condicionada ao mundo daquele tempo, no qual a escravatura constituía uma evidência social inquestionável. Como interpretamos essas passagens todas de acordo com o universo hermenêutico de então, da mesma forma devemos fazer a exegese do texto referente à posição das mulheres, caso não queiramos alimentar a ideologia do *status* eclesial. Trata-se, pois, não de um *ius divinum*, mas simplesmente de um *ius ecclesiasticum*, reformável.

3.4 Quarta objeção: na Tradição da Igreja nunca houve sacerdotisas — nem Nossa Senhora o foi

Realmente a Tradição quase nunca nos fala de sacerdotisas. Fala-nos, sim, de diaconisas que recebiam o ministério, especialmente a partir dos fins do século IV, por meio de uma ordenação com a imposição das mãos, e pertenciam à jerarquia eclesiástica. Não só se ocupavam da pastoral batismal das mulheres, como também lhes era permitido ler a epístola e o Evangelho, trazer a estola, distribuir a comunhão. O rito de ordenação correspondia, no século XI, exatamente àquele dos diáconos.[23] Há referência a sacerdotisas cristãs entre os Priscilianos, mas isso é expressamente combatido pelo Sínodo de Nimes (394). O Papa Gelásio, escrevendo aos bispos da Itália Meridional no ano de 494, condena os abusos por parte de certas mulheres "que servem ao altar e que realizam tudo aquilo que exclusivamente foi assinalado aos varões".[24]

---

[23]E. Van Der Meer, *Priestertum der Frau?*, p. 109; L. Wilges, *A história e a doutrina do diaconato até o Concílio de Trento*, Roma, 1970; "As diaconisas", *in Convergência* 6 (1973), p. 352-360.
[24]Van Der Meer, p. 115.

Aqui tratar-se-ia não mais de diaconisas, mas de verdadeiras ordens maiores. Contudo, essa praxe não foi aceita. A Tradição da Igreja prolongou a situação da mulher das origens. Não se fazem maiores especulações a respeito nem se fazia uma reivindicação por parte das mulheres. Haye van de Meer, que estudou detalhadamente a doutrina da Tradição acerca do tema vertente, conclui: "Em nenhum lugar em toda a literatura patrística acerca do sacerdócio da mulher encontramos reflexões que por *motivos essenciais* coíbem o sacerdócio às mulheres. Encontramos reflexões como as seguintes: Os apóstolos não enviaram à missão nenhuma mulher; Maria não batizou Jesus; a mulher foi seduzida; a mulher ensinou uma só vez o homem (no Paraíso), e disso resultou somente em perdição; Paulo o proibiu etc.[25]"

Mas Maria não foi sacerdote... Maria não recebeu o sacramento da Ordem, nem teria sentido para ela, porque possui um sacerdócio superior àquele de todos os sacerdotes sacramentais. Como co-redentora e medianeira, ela sempre foi considerada sacerdote "eminentiori modo"[26] e venerada como um. Porque Maria possuía um sacerdócio muito mais eminente do que o dos ministros da Igreja, esse fato não pode ser invocado como argumento para excluir as mulheres do sacramento da Ordem. Para Maria não constituiu perda o fato de não ter celebrado nenhuma missa. Ela fez muito mais do que isso. Foi Mãe de Deus, carregou e ofereceu seu próprio Filho e juntamente com Ele foi constituída princípio de nossa salvação.

3.5 Conclusão: a permanência de um costume, e não de uma tradição doutrinal

Das reflexões feitas até aqui resulta:

a) Do ponto de vista hermenêutico-exegético não há argumento escriturístico decisivo que exclua a mulher da ordenação sacerdotal.

---

[25] Van Der Meer, p. 110.
[6] C. Koser, "De Sacerdotio B.M.V.", in *Maria et Ecclesia 2*, Roma, 1959, p. 169-206.

b) A tradição não contém nenhum princípio teológico fundamental que justifique a atual concentração do sacerdócio unicamente nos homens. Pode-se elucidar, com suficiente clareza, que o presente estado é devido a um desenvolvimento histórico-sociológico; nele, porém, a mulher paulatinamente tomou consciência de sua paridade com o homem, e com isso superou as barreiras discriminatórias que se articularam também dentro do cristianismo. A exclusão da mulher do sacerdócio refletia sua posição inferior na sociedade.

c) Trata-se, pois, não de uma Tradição doutrinal, mas da permanência de costume milenar, costume esse que pode sofrer alterações com a nova consciência da dignidade da mulher e da sua possível colaboração à Igreja. Como concluía o cardeal Daniélou: "Nada de decisivo foi oposto ao presbiterato feminino: o estudo da questão pode avançar..."[27]

d) A partir dessa nova compreensão da mulher, a Igreja Luterana já há mais de 15 anos ordena mulheres ministras. Da mesma forma, embora com mais reserva, a Igreja Anglicana. Em 1971 Sally Jane Priesand, rompendo uma milenar tradição, foi ordenada "rabino" em Cincinnati. Na Igreja Católica religiosas-mulheres assumiram em alguns lugares todas as funções sacerdotais, exceto consagrar e confessar.[28] É um imenso passo. Para onde irá conduzir o caminho?

---

[27]Citado por L. C. Quevedo, *Religiosas e Tarefas Presbiterais*, p. 161.
[28]Essas experiências não se fazem sem análise crítica por parte da teologia. Conferir, por exemplo: G. Deintze, "Amt der Pastorin", in *Evangelische Theologie 22* (1962), p. 509-535; E. Hertzsch, "Das Problem der Ordination der Frau in der Evangelischen Kirche", in *Theologische Literaturzentung 81* (1956), p. 379-382; F. R. Refoulé, "Les problèmes de femmes prêtres en Suède", in *Lumière et Vie 43* (1959), p. 65-99; "O lugar da mulher no ministério das Igrejas cristãs não católicas", in *Concilium 4* (1968), p. 143-157.

4. O sacerdócio da mulher não pode ser o sacerdócio atual dos homens

Não é suficiente apontar a possibilidade da ordenação da mulher ao sacerdócio. De que tipo de sacerdócio ela será ordenada? O sacerdócio concreto que existe na Igreja é marcado profundamente pela imagem do homem-varão e celibatário. A Igreja, "em seu sentido hierárquico, é muitas vezes designada por mãe solícita, contudo essa imagem parece um tanto estranha quando essa solicitude maternal só é fundamentalmente assumida por homens"[29] que marcam com um tom masculino todas as instituições oficiais da fé. Seria uma aberração se a mulher-sacerdote quisesse assumir o modelo concreto de sacerdote vivido historicamente pelos homens. Aqui se apresentam variantes decorrentes da diferença específica da mulher, com toda a carga que a feminilidade no nível ontológico, psicológico, sociológico, biológico etc. traz consigo, e que marca a concretização histórica do possível sacerdócio da mulher. Ela não poderá nem deverá ser simplesmente a substituta do padre. Mas articulará o sacerdócio a seu modo próprio.

A experiência no Brasil das religiosas que dirigem paróquias pode ser duplamente significativa. *Primeiramente*, como testemunho de uma Igreja que se abriu à libertação eclesial da mulher e compreendeu sua maturidade cristã, confiando-lhe o cuidado de muitas igrejas locais. Em *segundo lugar*, a experiência significa o filtro crítico das atuais instituições sacerdotais. Serão elas adequadas às mulheres? Permitem elas que a religiosa-mulher exprima a riqueza de sua feminilidade, valor imprescindível também para a própria Igreja? Ou não haverá uma situação de enxerto não bem logrado, restando prejudicadas todas as partes — os homens, as mulheres e a Igreja? A experiência brasileira está mostrando um verdadeiro impasse.

---

[29] Conferir E. Gössmann, *Mulher sacerdote* (nota 17), p. 110.

Por isso é significativa a opinião de uma teóloga, especializada no assunto: "É necessário reconhecer que a mulher não se adapta às funções eclesiais, como elas resultaram ao fim de um longo processo e ainda hoje existem. Só depois destas funções se terem constituído a partir de dentro e em relação à comunidade terá sentido conferi-las a mulheres. Com isso resulta clara a conclusão de que o sacerdócio particular da mulher (ainda) não é adequado ao estádio de desenvolvimento atual (histórico-salvífico) da Igreja".[30]

5. Perspectivas teológicas para um sacerdócio da mulher

As reflexões feitas anteriormente insinuaram que falarmos do sacerdócio da mulher não se trata simplesmente de reivindicar para ela um lugar que por séculos lhe foi negado. Trata-se de analisar se, segundo o movimento de nosso mundo em que a mulher assume cada vez mais paridade em dignidade e direitos com o homem, cabe também uma função sacerdotal para ela.

Entre as muitas funções que ela vai desempenhando na sociedade e na Igreja, cabe também o sacerdócio? Ou é um limite intransponível? Vimos que dogmaticamente não existe uma barreira doutrinária. As discriminações contra a mulher na sociedade civil são paulatina mas conseqüentemente desfeitas. A Igreja, sociologicamente, na organização de seu poder e no exercício de seu múnus pastoral, irá mudar ou permanecerá um reduto de conservadorismo e um reservado não preservado de estruturas de um mundo definitivamente passado?

O mundo de hoje está compreendendo muito bem, não sem influência dos ideais cristãos, que "o bem do homem e o da mulher são interdependentes, que ambos ficarão lesados se, numa comunidade qualquer, um deles não puder contribuir com toda a medida de

---

[30]H. Van der Meer, *Priestertum der Frau?*, p. 111.

suas possibilidades".[31] A Igreja mesma ficaria ferida em seu corpo orgânico se não desse lugar à riqueza da mulher em sua maturidade de fé dentro de suas instituições eclesiais. Mesmo que houvesse sacerdotes suficientes, mesmo que na Igreja florescesse um laicato adulto, que em nome de sua própria fé e não por mandato da Hierarquia levasse avante a causa de Cristo no meio do mundo, mesmo assim teria sentido a pergunta sobre a posição da mulher ante o sacerdócio. Sem a mulher, haveria uma falha na Igreja, a ausência de uma riqueza que só ela poderia oferecer, e ninguém mais.

Não se trata evidentemente de descrever a função da mulher na Igreja. Isso seria exterior e mesmo opressor, porque se estabeleceria uma função predeterminada na qual se colocaria a mulher. O caminho a ser percorrido deve ser exatamente o inverso, porque todos recusam, com justa razão, uma função preestabelecida. Urge abrir os olhos para a nova autocompreensão que as mulheres têm elaborado de si mesmas e para o processo social global que tende a não mais privilegiar um dos sexos. Por isso, deve-se estar atento à nova função dos sexos, e não à função do homem e da mulher. Trata-se de criar uma nova sociedade. Se não se modificar a função do homem, não se modificará também a função da mulher, e vice-versa. Deve-se, pois, conscientizar a função própria e específica dos sexos com suas diferenças, pois daí resultarão as novas funções, também no interior da Igreja.

Nessa tarefa as mulheres estão entregues a si mesmas. Não receberão mais ditado daquilo que devem desempenhar. Hoje estamos todos, homens e mulheres, buscando a própria identidade no âmbito de um processo social cada vez mais acelerador. Há de se ter paciência para não fixar respostas apressadas e inadequadas. Tarefa da teologia não é, primordialmente, fixar caminhos, mas deixar que os caminhos, suportados no Amor silencioso de Deus, se façam por si mesmos e revelem o sentido da direção que vão tomando. A teo-

---

[31]Conferir R. J. A. Van Eyde, *Die Frau im Kirchenamt* (nota 17), p. 350-362; K. Rahner, "Die Frau in der Neuen Situation der Kirche", in *Schriften zur Theologie VII*, p. 351-367.

logia acolherá a mutação da consciência humana como um desafio e uma chance para novas encarnações da mensagem cristã. O cristianismo não escolhe para si um mundo. Mas todo o mundo lhe é possibilidade concreta de historização.

A mudança está se operando não somente no interior da cultura voltada à mulher, mas também no seio da Igreja com relação aos seus ministérios. Sem dúvida uma nova compreensão dos serviços e diaconias da Igreja poderá alargar o horizonte de tal maneira a poder ver também o valor do desempenho da mulher para o bem de toda a comunidade eclesial.

5.1 O sacerdócio universal das mulheres

Existe uma teologia do sacerdócio que não está muito longe da ideologia: reflete apenas a partir de um tipo de sacerdócio, como atualmente existe na Igreja, fazendo-o como o único possível. Ele está presente na Carta Apostólica *Ordinatio Sacerdotalis* (1994) de João Paulo II, reservando o sacerdócio somente aos homens. Lamentavelmente essa teologia não se pergunta se, à luz da *ipsissima intentio Jesu*, da própria positividade cristã e da fé, a Igreja, ante novas situações culturais, não pode permitir outros estilos e mesmo outras compressões da missão sacerdotal. O Concílio Vaticano II propôs uma base firme, de graves conseqüências estruturais, ao valorizar a idéia de Igreja-Povo-de-Deus e a verdade do sacerdócio dos fiéis. Ao antepor o capítulo da Igreja-Povo-de-Deus ao da Igreja Hierárquica, veio ensinar que todo o poder na Igreja só se entende e deve ser exercido ao interior e a serviço do Povo de Deus. Relevando o sacerdócio universal dos fiéis, ventilou uma questão teológica ainda hoje não suficientemente equacionada: Qual a relação existente entre o sacerdócio universal e o sacerdócio ministerial?

Para dimensionarmos mais adequadamente o sentido do sacerdócio precisamos abordá-lo num horizonte um pouco mais aberto do que comumente se faz.³² Então ele aparecerá também como chance para a mulher.

Sacerdote é aquela pessoa que se propõe a ser mediador e reconciliador entre realidades diferentes. Sentimos que a existência é vivida segundo uma estranheza fundamental: diante de Deus, diante dos outros, diante da realidade circunstante e diante de si mesma. Há divisão e mentira que dramatizam a vida humana. Esta suspira pela unidade, pela paz e pela concórdia de todas as coisas com seu sentido profundo. O sacerdote tenta tematizar uma experiência comum a todos os homens, viver a partir dela e em função dela. Para isso se separa do mundo, não porque o despreza, mas para exercer uma missão em favor do mundo — de unidade e mediação.

Jesus Cristo, que era um leigo (conferir Hb 7,13-14), assumiu essa tarefa da reconciliação. Viveu uma existência de tal maneira profunda que reconciliou os homens com Deus. Sua pregação foi de amor, de renúncia ao espírito de vingança e de ódio e de reconciliação universal até com os inimigos (Mt 5,45). Ele foi um ser-para-os-outros até o fim (Jo 13,1). A novidade de sua diaconia reconciliadora reside no fato de ela não se ter operado unicamente no âmbito do culto, mas no âmbito global da vida: no convívio com as massas, na pregação, no encontro com as pessoas, na oração, na vida e na morte. Sua morte de cruz, como conseqüência de sua fidelidade à causa de Deus que era de amor e perdão, é o melhor exemplo de doação e sacrifício pelos outros, mesmo inimigos. Com sua ressurreição perpetua sua presença reconciliadora ante os homens para todo o sempre.

---

³²Conferir a principal bibliografia: L. Boff, "O sacerdócio: vocação e missão de todos os leigos por modos diferentes", in *O Destino do Homem e do Mundo*, Petrópolis, 1973, p. 85-125; *Teologia del Sacerdocio*, vol. I-IV, Burgos, Ediciones Aldecon, 1972, com a colaboração de grandes especialistas; *Der Priesterliche Dienst* I-VI, Friburgo, 1970, também com a colaboração dos melhores especialistas de língua alemã. Confira ainda a riquíssima bibliografia recolhida por Juan Esquerda Bifet, no final de cada volume de *Teologia del Sacerdocio*; B. Kloppenburg, *O ser do padre*, Petrópolis, 1972; U. Zilles, *A diaconia dos presbíteros na Igreja em realização*, Petrópolis, 1972, p. 69-107.

A comunidade primitiva logo entendeu: Nele Deus reconciliou tudo (Cl 1,20), unificou o mundo, derrubando todas as barreiras que se haviam instaurado (Ef 2,14). Ele realizou aquilo que era a esperança de todo sacerdócio: reconciliar definitivamente o homem com Deus e com os outros homens. Ele o logrou de forma plena e cabal (Hb 92,6s; 1Pd 3,18). Devido a essa sua ação, chamaram-no — a ele que, sociologicamente, era leigo — de Sumo Sacerdote (Hb 10,21) e de único mediador (1Tm 2,5).[33]

Sacerdócio não é, pois, um estado, mas um modo de existir que reconcilia. Foi porque Jesus viveu por sua vida, morte e ressurreição, de forma exaustiva e escatológica, a dimensão de reconciliação, unidade e amor, que pôde ser chamado de sumo e eterno sacerdote (Hb 6,20).

Cristão é aquele que tenta conduzir sua vida a partir da vida de Jesus Cristo e do vigor que se manifestou Nele. Por isso, toda vida cristã é vida sacerdotal. Pela fé e pelos sacramentos somos feitos participantes do sacerdócio de Cristo (*Lumen Gentium* 10/28). Não só. Mas também de toda sua riqueza de diaconia, de anúncio e de santificação (LG 10.12; AA 3/1335). Em outras palavras, o cristão é responsável pela missão de toda a Igreja, de anunciar pela palavra e pelo exemplo, de santificar o mundo, de servir e ser responsável pela ordem e harmonia na comunidade.

Na Igreja existe, pois, numa primeira instância, uma igualdade fundamental: todos estão em Cristo, formando seu povo santo; todos participam de seu sacerdócio-reconciliação. Se por *leigo* entendermos, como a palavra grega o diz, o membro do povo (*laós*), então todos são, na Igreja, fundamentalmente leigos: papas, bispos, sacerdotes e simples fiéis, porque todos são membros do Povo de Deus.

A diferença, portanto, entre hierarquia e laicato não é primária, mas secundária. Ela só pode existir na igualdade fundamental, a serviço dela e em sua função — não sobre ela e independente dela.

---

[33]Conferir L. Boff, *O sacerdócio*, p. 90-98, e a bibliografia aí referida.

O sacerdócio universal de todos os fiéis não se articula somente no nível cultural. Ele encontra no culto, sem dúvida nenhuma, sua mais alta expressão. Mas ele deve ser vivido no horizonte vasto da vida, como o viveu Jesus Cristo. Não apenas sua morte de cruz foi redentora; toda a sua existência, no culto e no profano, na pregação e no seu dia-a-dia foi reconciliadora e por isso sacerdotal. Daí é que São Paulo admoestava os romanos a "oferecerem suas vidas como hóstia viva, santa e agradável a Deus" (Rm 12,1).

No caso concreto das mulheres cristãs, tudo para elas pode assumir uma função sacerdotal-reconciliadora: seu cuidado com os filhos, sua diaconia na construção e harmonia na família, sua profissão que a coloca em contato com outras pessoas — como professora, ou enfermeira, médica, secretária, balconista etc. A profissão, para a cristã, não é apenas o ganha-pão; pode ser a forma como realiza o serviço, a concórdia, a reconciliação entre os homens, o meio de os aproximar mais, na superação de divisões e na aceitação humilde e silenciosa de situações, quem sabe, penosas e invencíveis.

A diaconia de reconciliação deve, portanto, ser realizada por todos os cristãos. Isso os faz sacerdotes, tanto a homens como a mulheres. Destarte, prolongam no tempo e no espaço a função unificadora de Cristo, sumo sacerdote para sempre.

5.2 O específico do sacerdócio ministerial não é poder consagrar, mas poder ser princípio de unidade na comunidade

Esse tipo de sacerdócio como apresentamos anteriormente não causa problema para a mulher. O problema surge quando se aborda o sacerdócio ministerial, isto é, o sacerdócio próprio daqueles homens ordenados. Qual é a sua especificidade, que os distingue dos demais sacerdotes do Povo de Deus? Poderão as mulheres ter acesso a esse sacerdócio?

Há uma compreensão clássica mantida ainda pelo *Documento do Sínodo dos Bispos sobre o sacerdócio ministerial*, 1971[34] que, define o estatuto essencial do sacerdote, tomando-o em si mesmo, sem relação imediata com o Povo de Deus. Pela ordenação, o sacerdote é habilitado para ser o representante oficial de Cristo. "Os presbíteros são consagrados por Deus, pelo ministério dos bispos, feitos de modo especial participantes do Sacerdócio de Cristo, para nas celebrações sagradas agirem como ministros d'Ele" (*Presbyterorum Ordinis* 5/1.150). O específico dele é *poder* consagrar.

O horizonte em que é compreendido abrange as esferas cultual e sacramental.

Ora, isso significa uma redução do significado rico que possuía o sacerdócio de Jesus Cristo, o qual não se restringe somente ao culto, mas deve ser vivido no contexto completo da vida, porque toda ela deve ser de unidade, paz e reconciliação. Ademais, analisando-se bem, a ordenação não confere propriamente um poder em função do culto e da consagração. Não é sacerdote quem consagra, quem batiza e quem perdoa. É Cristo quem perdoa, batiza e consagra. Os presbíteros emprestam suas pessoas e seus órgãos para o Cristo invisível se fazer sacramentalmente visível. O poder não é de consagrar, mas de representar oficialmente o sacerdócio único e eterno de Jesus Cristo. O sacramento da Ordem entroniza a pessoa para essa função.

Qual a relação do presbítero para com o Povo de Deus? Não devemos concebê-lo fora, acima ou independentemente do Povo de Deus. Sua função não deve ser determinada a partir de seus poderes sacramentais, colocado diante do povo, privado desses poderes. O ponto de partida deve ser eclesiológico e comunitário. É como serviço à Igreja que existe o presbítero, não independente dela.

A Igreja-comunidade surge como o sacramento universal da salvação. Por todas as suas instituições, pela palavra, pelos sacra-

---

[34]*Documentos Pontifícios*, n. 183. Petrópolis, 1972.

mentos, pelos ministérios, ela deve presencializar a reconciliação trazida por Jesus Cristo.

Todos os fiéis são co-responsáveis por essa missão, não apenas os ordenados. Nessa comunidade em Cristo as diferenças de nação, de inteligência e de sexo de nada valem (Gl 3,28). Todos são enviados indistintamente. Nisso vigoram uma igualdade e uma fraternidade fundamentais de todos em Cristo e por causa de Cristo. Se existe igualdade basilar, não significa que todos façam tudo. A Igreja é uma comunidade organizada de iguais, na qual as tarefas são jerarquizadas.

Há nela uma diversidade de carismas, que para Paulo são sinônimos de funções. "Cada qual tem de Deus o seu próprio carisma (função), um de um modo, outro de outro" (1Cor 7,7), mas todos para utilidade comum (1Cor 12,7). Esses carismas (funções) pertencem à estrutura essencial da Igreja, de tal forma que Igreja sem carismas não é Igreja de Cristo. Existe uma simultaneidade de carismas na Igreja. E aqui se planteia a pergunta: A quem cabe o cuidado pela unidade entre os carismas? O carisma de unidade deve estar a serviço de todos os carismas para que tudo concorra para a ordem, harmonia e utilidade comum. O Novo Testamento trata do carisma de direção e governo (1Cor 12,28) e daqueles que presidem à comunidade (1Ts 5,12; Rm 12,8; 1Tm 5,17). Os presbíteros (anciãos), os bispos (*episkopen*) e os diáconos são os portadores do carisma de unidade na comunidade.

A especificidade do presbítero-sacerdote está neste carisma: o de coordenar as várias funções na comunidade (carismas), ordená-las todas para o bem da Igreja, promovendo umas, animando outras, descobrindo as já presentes mas não conscientizadas, advertindo as que põem em perigo a unidade de comunidade. O sacerdote não acumula para si todas as funções, mas deve integrar na unidade todos os serviços.[35]

---

[35]Essa linha é assumida pelo sínodo dos bispos alemães: "Schwerpunkte des priesterlichen Dienstes", in *Herderkorrespondenz 26* (1972), p. 86-91. Conferir também,

O presbítero, portanto, é o responsável principal pela unidade da Igreja local, seja na diaconia do amor concreto, pela assistência aos irmãos necessitados e pelo contexto de serviços da comunidade; seja no serviço de anunciar, pela catequese homilética, cursos de aprofundamento; seja no serviço cultural e sacramental. Em tudo ele deve buscar a unidade e harmonia para que a comunidade seja um corpo no Cristo Jesus.

Consoante essa interpretação, o específico do sacerdote não é consagrar nem ensinar, mas ser a unidade no culto e no anúncio da mensagem. Por causa desse seu carisma cabe a ele, contudo, a presidência na celebração e a autoridade na pregação.

O que o presbítero desempenha na Igreja local, deve exercer o bispo na Igreja regional e o papa na Igreja Universal: a todos cumpre ser o *principium unitatis visibile*.

Ora, essa função de unidade pode ser exercida exclusivamente pelo homem? A história moderna e a verdade dos fatos nos mostram que a mulher pode ter as mesmas capacidades que o homem, seja no governo civil, seja nas experiências já existentes na Igreja de religiosas-mulheres que assumiram a direção da Igreja local. A mulher desempenhará o papel de unidade a seu modo feminino, diverso daquele do homem, mas logrando a mesma realidade de harmonia, bom funcionamento e unidade na comunidade fiel.

A ordenação entroniza na comunidade a pessoa que irá presidir, na unidade e na reconciliação, os vários serviços.

Todos devem cuidar da unidade. Mas o sacerdote, seja masculino, seja feminino, é proposto oficialmente para, em nome de Jesus Cristo mesmo, encabeçar a diaconia reconciliadora e unificadora da comunidade. O sacramento não confere algo de exclusivo, somente

---

dos bispos franceses: "Le ministère du prêtre", *in Documentation Catholique 55* (1972), p. 32-35; A. Kasper, "Die Kirche und ihre Ämter", *in Glaube und Geschichte, Mainz*, 1970, p. 355-370.

atingível pelo sacramento e sem o qual essa exclusividade seria impossível na Igreja. Mas confere uma visibilidade mais profunda de uma realidade que deve ser buscada por todos na comunidade: a unidade e o amor. Por isso, como nos outros sacramentos, também aqui no sacramento da Ordem, há uma estreita relação entre a função de todos os fiéis e a função do sacerdote.

Pertence ao sacerdote presidir à assembléia no culto e na celebração eucarística. Por isso, cabe a ele, de modo oficial, o poder representar Cristo-Cabeça e fonte de unidade. Por conseguinte, cabe a ele, por excelência, o consagrar e celebrar a Santíssima Eucaristia.

Se a mulher pode ser, como já o é em muitas paróquias, o princípio de unidade, então, teologicamente, nada obstaria a que ela, mediante a ordenação, pudesse consagrar e fazer Cristo sacramentalmente presente no seio do culto comunitário.[36] De que modo ela o irá fazer, não cabe aqui descrever. Não é uma teoria apostólica que poderá dizê-lo, mas a experiência concreta e a vida em um determinado contexto.

6. Conclusão: o ser humano é *animus* e *anima*, também o religioso e a religiosa

A perspectiva desenvolvida anteriormente insere o sacerdote masculino e o feminino no seio da comunidade humana e eclesial. Isso se inscreve na mais antiga tradição neotestamentária. O próprio cânon VI do Concílio de Calcedônia (451 d.C.) dizia expressamente:

---

[36]Conferir Y. Congar, "Quelques problèmes touchant les ministères", *in Nouvelle Revue Théologique 93* (1971), p. 785-800, especialmente p. 793; G. H. Tavard, "The Function of the Ecumenical Studies in the Eucharistian celebration", *in Journal of Ecumenical Studies 4* (1967), p. 629-649; J. Von Werdt, "Que pode o leigo sem o sacerdote?", *in Concilium 4* (1968), p. 95-110.

> Ninguém deve ser ordenado de maneira absoluta, nem presbítero, nem diácono, nem clérigo em geral, se não lhe for assinalada especialmente uma Igreja urbana ou rural, ou um *martyrion* ou uma Igreja monástica. Quanto aos ordenados sem qualquer destas funções, o Santo Concílio decidiu que sua ordenação é nula e inexistente e que, para vergonha de quem lhe conferiu, não poderão exercer suas funções em parte alguma.[37]

O resultado de nosso trabalho pretende mostrar que não há argumentos decisivos que impeçam à mulher o acesso ao sacerdócio ministerial. Ainda mais que uma adequada compreensão deste, à luz do sacerdócio de Cristo, não atribui a especificidade ao poder de consagrar, mas ao ser princípio de unidade na comunidade. Ora, a mulher pode exercer essa diaconia tão bem quanto o homem.

A posição da mulher na Igreja deve acompanhar a evolução da mulher na sociedade civil. Esta tende a permitir cada vez mais a paridade da mulher com o homem. Torna-se cada vez mais incompatível qualquer discriminação baseada numa diferenciação biológica e cultural. A Igreja que se diz, com razão, *católica* não deveria de forma nenhuma, com base em tal fator, manter sua proibição tradicional.

Uma reflexão aprofundada do múnus da representação da salvação em Jesus Cristo deveria levar os varões eclesiásticos à humildade de reconhecer que a "plenitude da divindade e da humanidade de Cristo" não pode se esgotar na representação masculina. A antropologia moderna adverte com suficientes razões que não podemos mais, ingenuamente, falar em qualidades exclusivamente femininas ou masculinas. O humano é sempre masculino e feminino que se encontram articulados, em intensidades diferentes, em cada existência humana individual. O correto processo de personalização e de maturidade humana requer e supõe que o homem exprima cada vez mais seu aspecto de *anima* (o feminino no varão), e a mulher seu aspecto de *animus* (o

---

[37] J. Alberigo e outros, Conciliorum Oecumenicorum Decreta, Bolonha, 1973, p. 90.

masculino na mulher). Dessa forma, os homens, para sua própria realização, farão bem em criar mais espaço de liberdade e de libertação para a mulher, e ela por sua vez terá mais chance de representar o varão Jesus Cristo que como todo homem também possuía em sua humanidade as dimensões do masculino e do feminino. Só então se poderá viver na nossa história a palavra profética de São Paulo: "Já não há homem nem mulher, pois todos nós somos um em Jesus" (Gl 3,28).

ADENDO

Com data de 15 de outubro de 1976, a Sagrada Congregação para Doutrina da Fé publicou uma *Declaração sobre a questão da admissão das mulheres ao Sacerdócio* (*SEDOC*, março, 1977, 872-884). O documento reafirma a doutrina tradicional contra forte tendência da pesquisa teológica em favor da admissão de mulheres ao ministério sacerdotal. O documento emana de uma instância oficial e é autêntico. Goza de autoridade especial que transcende a de qualquer teólogo. Mas, segundo as qualificações teológicas acerca do valor dos documentos oficiais, não é infalível. Por isso pode não estar ausente de erro, como ocorreu já no passado. Tal admissão não tira nem diminui a autoridade da Declaração. Com todo o respeito, a teologia pode, e também pertence à sua tarefa, estudar o peso da argumentação apresentada. É o que fez com grande gabarito Karl Rahner, comentando e fazendo um juízo crítico da Declaração da Sagrada Congregação (conferir Priestertum der Frau?, *in Stimmen der Zeit*, maio de 1977, p. 291-301). Rahner conclui que a argumentação aduzida não convence teologicamente, nem fecha o caminho. A questão continua em aberto e a discussão deve prosseguir (p. 300). O argumento básico da Declaração é afirmar que a mulher não pode ter acesso ao sacerdócio porque Cristo não incluiu nenhuma mulher no colégio apostólico, nem os apóstolos o fizeram. O documento diz que tal gesto não pertence aos condicionamentos socioistórico da época, e que por isso traduz a vontade de Jesus. A tradição vincula, portanto, a fé à práxis da Igreja atual. Exatamente esse ponto é que deve ser provado e não pressuposto. A Declaração deixa o ônus da prova para os que admitem tal condicionamento, em vez de, como seria o certo, ela mesma elaborar a prova. Ademais, o conceito de sacerdócio ficou restringido, praticamente, ao aspecto cultural-litúrgico, quando na teologia e também já em níveis oficiais — como mostramos antes — o sacerdócio é considerado numa perspectiva mais ampla de serviço à unidade da Igreja em todos os seus níveis. O documento marca um passo na discussão. Não a encerra. Talvez consiga protelar o advento da solução. A teologia, que respeita a Declaração e a tem em alta conta, poderá continuar a aprofundar as razões a favor e contra. E assim deve proceder com referência às declarações feitas especialmente pelo Papa João Paulo II, que negou terminantemente às mulheres o acesso ao sacerdócio na sua Carta Apostólica *Ordinatio Sacerdotalis* de 1994 (Documentos Pontifícios n. 259 da Vozes, Petrópolis, 1994).

Capítulo XII

A IGREJA QUE QUEREMOS:
O FUTURO DA IGREJA POPULAR

No termo de nossas reflexões deve ter ficado claro o modelo de Igreja que queremos: a Igreja-Povo-de-Deus ou simplesmente a Igreja popular. Que futuro tem esse desiderato? Que dificuldades encontra? Como as enfrenta comunitariamente? É o que desejamos agora abordar com certo detalhe.

O catolicismo romano constitui um corpo altamente hierarquizado, transnacionalizado e de grande rigidez institucional. Ele se compõe de *clérigos* que detêm todo o poder de decisão, de *leigos* que participam da vida eclesial sob a orientação dos clérigos e de *religiosos* que se entregam à busca explícita da santidade no serviço a Deus e ao mundo, podendo ser clérigos ou leigos.

A teologia oficial ensina que a divisão existente é de direito divino, e que, por isso, é intocável e imutável. Essa divisão eclesial do trabalho religioso, por sua pouca flexibilidade, tem causado ao longo da história muitas tensões e até divisões. Hoje essa estruturação vem sendo pesadamente questionada pela Igreja rede-de-comunidades-de-base que configura uma alternativa de organização e de poder, um verdadeiro projeto popular de Igreja.

Pode e deve mudar a Igreja, ou devemos contar com ela na forma como se estruturou pelos séculos a fora até o juízo final? Estarão as tentativas de transformação institucional fadadas ao fracasso, à perseguição, à excomunhão e à ruptura da unidade? Nossas reflexões vêm imbuídas de otimismo. A Igreja dos pobres, a Igreja da base, a Igreja-rede-de-comunidades-de-base, a Igreja da libertação, nomes diferentes para a mesma realidade, representa uma alternativa possível de organização, exercício e participação do poder sagrado, capaz de manter toda a riqueza da tradição, preservar a unidade e reimplantar a Igreja nos quadros do projeto popular, participativo e democrático. Ela tem condições de reafirmar-se apesar das desmoralizações e das perseguições que padece, feitas pelos próprios irmãos e irmãs de fé. Ela representa um novo futuro para a fé cristã no novo milênio, planetário e ecumênico.

1. De uma comunidade fraternal a uma sociedade hierarquizada

Inicialmente o Cristianismo era um movimento, ligado à prática messiânica de Jesus, dos apóstolos e da comunidade primitiva (até o século IV) de caráter comunial, comunitário e fraternal. Os elementos de organização existentes não prevaleciam sobre as relações comunitárias que detinham a franca hegemonia de consenso e direção das igrejas locais.

Com o edito de Teodósio, o Grande, de 27 de fevereiro de 380, a fé cristã, no sentido estrito da ortodoxia do Concílio de Nicéia (325 d.C.), foi imposta como obrigação a todos os habitantes do Império Romano. Começa então o sistemático desmantelamento oficial da religião política romana (com dificuldades e jamais totalmente). Os imperadores Honório e Teodósio II em 423 impõem o banimento e até a pena de morte àqueles que participarem dos sacrifícios pagãos. O imperador Justiniano em 529, em seu código civil, liquida oficialmente o paganismo, fazendo com que as prescrições bíblicas e eclesiásticas sejam também regras estatais. Incrementa-se então a entrada em massa de pessoas ao cristianismo, não como fruto de um processo de conversão, mas de imposição e coerção estatal.

Emerge assim um cristianismo cultural marcado pelo medo. A imposição ligada a penas, seja políticas (exclusão e pena capital), seja teológicas (condenação ao inferno) provoca sua contrapartida, que é o medo e o submetimento. O medo marcará desde então a pedagogia missionária da Igreja, como se pode constatar claramente nos vários catecismos da primeira evangelização-imposição da América Latina. A fé deixa de ser semente e se transforma em transplante forçado de uma árvore crescida em solo europeu.

Os cristãos, que constituíam apenas 1/4 do império, assumem a direção ideológica. Para cumprir essa função cultural a Igreja teve que formar seus quadros, instaurar um corpo de peritos formados na cultura dominante filosófica, jurídica e organizacional de então. É o clero. Seus membros se impõem como intelectuais orgânicos dos interesses eclesiais articulados com os interesses da ordem imperial. De perseguido, o cristianismo se transformou em perseguidor. Nessa função, como já o observou Gramsci no *Ordine Nuovo*, o cristianismo significa o protótipo de uma revolução total. Consegue cobrir todos os campos, alcançando todos, desde os recém-nascidos aos moribundos, e expressando-se na filosofia, no direito, nas artes, na teologia e no cotidiano da vida da população. Mas será sempre pela via da aliança da Igreja com os poderes dominantes, do Estado (imperador), da sociedade (nobres e poderosos) e da intelectualidade (escolas). Os demais segmentos da sociedade são subalternizados e cooptados para o projeto hegemônico sacerdotal-imperial.

Firmou-se, como conseqüência desse complexo processo, um estilo de distribuição e de exercício do poder sagrado altamente centralizado, clerical e culturalista.

Centralizado porque está em poucas mãos e é exercido a partir de um centro de poder referencial (Roma).

Clerical porque somente os clérigos investidos do sacramento da Ordem ou de algum mandato clerical detêm a condução da Igreja e os meios de produção de bens religiosos.

Culturalista porque não propicia uma evangelização como encontro entre fé e cultura circundante, mas como imposição de uma cultura já cristianizada — a cultura da elite romana —, com a conseqüente desestruturação das culturas autóctones e populares. Não sem razão a Igreja se denomina católico-romana, na qual a romanidade é entendida como uma característica de identificação.

Com Gregório VII e seu *Dictatus Papae* (no ano de 1075, uma lista de 27 proposições) que bem traduzido significa a ditadura do Papa, se consolida uma eclesiologia juridista fundada sobre a instituição papal. Bem o disse o grande eclesiólogo do século XX, Yves Congar: "Sua ação determinou a maior virada que a eclesiologia católica conheceu (*L'Eglise de saint Augustin à l'époque moderne*, Paris 1970,103).

A virada consiste numa prática de extremo autoritarismo que praticamente não reconhece nenhum limite ao poder papal. Alguns juristas e críticos denominaram isso de *totatus*, o totalitarismo eclesial. O Papa não é apenas sucessor do pescador Pedro — aquele que negou Jesus —, nem somente o representante do profeta crucificado Jesus de Nazaré. É muito pouco e até contraditório para as pretensões papais. O Papa se entende representante de Deus. Deus instituiu diretamente o sacerdócio, e não o império. Ao sumo sacerdote (Papa) cabe ligar e desligar, interpretar a lei natural, fechar ou abrir as portas do céu. E o sacerdócio é somente o católico. Por isso reza a 26ª proposição do *Dictatus Papae*: "Não seja reconhecido como católico quem não concorda com a Igreja romana" (*Quod catholicus non habeatur qui non concordat Romanae ecclesiae*). Crer é obedecer ao Papa. E obedecer ao Papa é obedecer a Deus.

Aqui cabe perguntar: porventura, não se ultrapassou o limite que, uma vez ultrapassado, significa inequivocamente *hybris* humana e pecado no sentido estrito da teologia? Que legitimidade pode oferecer para a consciência dos professantes uma estrutura de poder nascida do pecado? Atributos que somente competem a Deus são atribuídos a uma criatura humana, ao Papa. Nessa lógica desviante, não nos admiramos de que papas tenham sido chamados por teólogos curiais de "deus menor na terra" (*deus minor in terra*). Esse processo de divinização já se fazia presente no século IV, quando se começou a estruturar a figura do bispo. A Didascália e as Constituições Apostólicas (do século III) diziam dele que "ocupa o lugar de Deus" na comunidade, que é como um "segundo Deus", "o vosso Deus terrestre depois de Deus" (conferir Didasc. II, 20, 1; Const. Apos. II, 26, 4).

Essa compreensão ganhou seu embasamento ideológico ao largo do tempo especialmente com Graciano (o primeiro codificador do direito canônico no século XII) e com a teologia da anti-Reforma. Segundo isso, Cristo instituiu a divisão entre clérigos e leigos. Portanto, jamais poderá ser alterada, porque divina. O Papa é a cabeça visível de Cristo que, por sua vez, é a cabeça invisível da Igreja. O poder é total: tem sua prática definida e sua teoria, que o justifica. Não se trata de autoritarismo, mas de puro e simples despotismo.

A utopia de Jesus de uma comunidade fraternal, de todos irmãos e irmãs, sem divisões e títulos (conferir Mt 23,8 ss) é substituída pela mecânica do poder centralizado no clero que garante até o final dos tempos, assim pensam os clérigos, a reprodução dos instrumentos de salvação.

O sonho de Jesus, porém, não morreu. Transmigrou para os movimentos espiritualistas, monacais, mendicantes e, de modo geral, para a vida religiosa, mas também para o caminho da observância evangélica, da devoção e da busca da santidade dos cristãos, reduzidos a leigos, em seus diferentes estados de vida. Nessas instâncias não clericais se exercerá o poder como serviço participativo, reinará uma democracia interna e as relações serão mais igualitárias, sororais e fraternais.

Ao formalizarmos, é possível dizer: cria-se na comunidade dos professantes cristãos, segundo essa visão, um consenso baseado na *potestas sacra* (poder) como domínio e coerção – portanto, despotismo. Constrói-se uma hegemonia a partir da concepção monárquica da fonte do poder (o Papa). Esse tipo de distribuição e exercício de poder se articula conaturalmente com os poderes também centralizados na sociedade. Assim, a Igreja clerical, além de sua função religiosa específica, passa a ser um aparelho de legitimação dos poderes autoritários na sociedade humana. O conceito de Deus que subjaz não é aquele trinitário, urdido de relações igualitárias e comuniais, mas o velho Deus monoteísta e único senhor cósmico. Um só senhor no céu, um só representante seu na terra, argumentava Gengis Kahn, e com isso pretendia fundar seu despotismo.

A base social desse tipo dualista de Igreja – dividida em clérigos e leigos, não como funções distintas na comunidade única, mas como facções "essencialmente" diferentes – é constituída pelos setores dominantes, cujos interesses históricos se articulam naturalmente com os interesses do corpo clerical.

O texto do Vaticano I sobre o poder jurisdicional do Papa é claro: o Papa tem o poder absoluto sobre todos e cada um dos fiéis *ex sese, sine consensu ecclesiae* (por si mesmo, sem o consenso da Igreja). O Papa é portador solitário do supremo poder sem nenhuma mediação da comunidade; portanto, possui o poder e de fato o exerce, de forma despótica. Os demais portadores de poder na Igreja, mesmo que tenham poder via sacramento da Ordem (bispos), dependem, para o exercício legítimo do poder sagrado, da delegação direta do Papa.

O Vaticano II, como é sabido, tentou equacionar esse desequilíbrio eclesiológico. Reafirmou o caráter de Povo de Deus da Igreja, a participação dos leigos por razões cristológicas, a centralidade da comunidade, a ação colegial dos bispos, a missão como serviço ao mundo, especialmente aos pobres (todo o capítulo II da *Lumen Gentium*).

Particularmente importante foi o número 8 da *Lumen Gentium*, que retoma a memória histórica de Jesus que nos redimiu na pobreza e na perseguição. Convoca a Igreja "a seguir o mesmo caminho", para "evangelizar os pobres... procurar e salvar o que estava perdido" (n.8). Afirma também que a Igreja de Cristo "subsiste na Igreja católica", reconhecendo que existem "vários elementos de santificação e de verdade fora de sua estrutura visível", elementos esses que são "dons próprios à Igreja de Cristo" e que, portanto, permitem reconhecer "eclesiasticismo" em outras igrejas cristãs (n. 8 b).

Entretanto, produziu um texto de compromisso que mantém a ambigüidade eclesiológica: ao lado dessas propostas promissoras, reafirmou a velha teologia da constituição hierárquica da Igreja e da hegemonia assegurada divinamente aos portadores do sacramento da ordem, vale dizer, do clero (capítulo III da *Lumen Gentium*). Hoje, no processo de refluxo eclesial, de neo-romanização e poderosa reclericalização de toda a Igreja, esses textos são sempre invocados como critério de interpretação autêntica e de recepção oficial do Vaticano II, anulando praticamente as conquistas feitas sob o signo da comunhão e da participação de todo o Povo de Deus.

Contudo, apesar da ambigüidade mantida, que favorece o pólo clerical, abriu-se um espaço para que agentes da Igreja clerical entrassem no universo dos simples professantes cristãos e que fossem animados a participar e a ocupar seu lugar na comunidade. Não apenas como membros, objeto da benevolência pastoral do clero, mas também como sujeitos, igualmente produtores de bens religiosos, sujeitos eclesiais.

2. Uma alternativa seminal: o projeto popular de Igreja

A partir dos anos 1960 irromperam organizados na sociedade latino-americana os pobres. Emergiram também na Igreja institucional e clerical. Verificou-se um duplo processo: mais e mais agentes da Igreja-clero se inseriram nos meios populares – bispos, padres, teólogos, religiosos e religiosas e cristãos indignados com a miséria e comprometidos com a transformação social. Todos eles assumiram a causa, as lutas, o destino e a cultura do empobrecido social. Por outro lado, os cristãos se afirmaram como sujeitos eclesiais e sociais. Começaram, juntos e com o apoio do agente externo, a criar a sua forma singular de ser cristãos. Surgiu assim a pastoral popular (CEBs, PO, CPT, CIMI, CDDH, círculos bíblicos e outros), que tem como pontas de lança as Comunidades Eclesiais de Base.

Juntamente com um projeto popular de sociedade na linha de uma democracia participativa, de base popular, pluralista e aberta ao religioso, começou a se esboçar também um projeto popular de Igreja. Para uma nova sociedade, uma nova Igreja. Para uma distribuição diferente e um exercício distinto do poder social, por que não uma distribuição diferente e um exercício distinto do poder eclesial?

Teoricamente não é impensável. Os textos fundadores do movimento de Jesus revelam pelo menos três tipos distintos de organização eclesial: a sinagogal, refletida no evangelho de São Mateus; a carismática, praticada por Paulo, e a hierárquica, espelhada nas epístolas católicas de Timóteo e Tito. Essa última foi triunfante. Mas não invalidou as outras, como fontes de inspiração, pois constituem textos referenciais do credo cristão.

Praticamente, pelo menos em forma seminal, se percebe que nas CEBs vigora um jeito novo de ser Igreja. Vejamos um quadro comparativo entre a estrutura fundamental de um modelo de Igreja baseado no clero e a de outro baseado na comunidade eclesial (conferir Wagner Lopes Sanches, "CEBs: avanços e obstáculos dentro de 'um projeto popular de Igreja'", tese de mestrado na PUC/S. Paulo, 1989, p. 115-116).

Aspectos	Paróquia	CEBs
Núcleo central de poder	O padre	A Comunidade
Estruturas de poder	Comissão de administração indicada pelo padre – funções consultivas.	Conselho de área formado por um membro de cada conselho de Comunidade – funções deliberativas.
	Comissão paroquial formada pela comunidade – funções consultivas.	Conselho de Comunidade, eleito a cada dois anos – funções deliberativas.
Agente religioso externo	Padre (em algumas paróquias pode o padre ser auxiliado por irmãs).	Equipe de pastoral (ou equivalente) formada por padres, irmãos, irmãs.
Relação agente de pastoral e povo	Dependência e submissão dos leigos em relação ao padre.	Autonomia (relativa) dos leigos em relação aos agentes.
Papel do agente externo	No caso do padre, produção dos bens religiosos (sacramentos).	O agente tem o papel fundamental de acompanhar e suscitar a caminhada das Comunidades.
	Controle das atividades na paróquia.	No caso do padre, a produção dos bens religiosos é feita com menos periodicidade.
Papel do agente interno	Seguir as orientações dadas pelo padre. Muitas vezes é o padre quem escolhe os dirigentes de associações, movimentos, pastorais etc.	Coordenar as Comunidades, seguindo as decisões tomadas em reunião.
Detentor da produção dos bens religiosos	O padre, exclusivamente.	O padre, que continua detendo a maior parte da produção de bens religiosos, e o leigo, no caso das celebrações aos domingos e outras atividades religiosas.

Papel do leigo	Objeto da ação da Igreja (catolicismo clerical).	Sujeito da ação da Igreja em comunhão com os agentes (catolicismo leigo).
Organização da pastoral	Estrutura complexa, da qual fazem parte o padre e diversos movimentos e associações religiosos. Grande ênfase na sacramentalização (supervalorização dos sacramentos).	Estrutura simples (catequese, minijovens e pastoral operária em nível de área), em que o agente de pastoral é assessor da Comunidade.
Dinâmica interna	Dinâmica vertical em que prevalecem relações formais e distanciadas.	Dinâmica horizontal em que prevalecem relações informais, de proximidade e de cooperação.
Relação Igreja-bairro	Geralmente a paróquia não está inserida nas lutas do bairro.	Os membros das CEBs geralmente estão inseridos nos movimentos populares, muitos deles suscitados pelas Comunidades.

O que discernimos nesse esquema é que, efetivamente, está irrompendo um outro exercício de poder religioso. Nos quatro grandes eixos que sustentam o edifício eclesial, na *palavra* (os membros das CEBs lêem e interpretam a Bíblia e à sua luz falam seus problemas e assim pronunciam o mundo), no *sacramento* (as CEBs sabem celebrar a vida, as lutas e simbolicamente alimentar a utopia do Reino e a esperança), *na organização* (organizam em distintas funções os serviços internos, elegem sua equipe de coordenação, elaboram a consciência crítica sobre seus problemas e democraticamente procuram soluções comunitárias) e na *missão* (atividade no mundo, articulando-se nas associações de moradores, nos sindicatos – numa palavra, com o movimento popular) os membros das CEBs estão se reapropriando de parcelas do poder e da produção de bens eclesiais. As análises sociológicas feitas até a presente data são unânimes em constatar esse avanço. Mas ao mesmo tempo, chamam a atenção para o caráter ainda dependente do agente externo (bispo, padre, religiosa), ao lado de resquícios autoritários e miméticos da estrutura anterior da Igreja clerical (pois está internalizada nos professantes pelos séculos de hegemonia desse modelo).

De qualquer forma, germinalmente, existe na prática e também na teoria (a reflexão teológica que justifica essa prática) uma alternativa de poder eclesial. Está se construindo um novo consenso na Igreja (uma anti-hegemonia, na linguagem de Gramsci). Esse é um fenômeno histórico de primeira grandeza, pois já se vão séculos em que semelhante oportunidade histórica não acontecia (no século XI, com os movimentos pauperistas, e ao tempo da Reforma protestante no século XVI). A Igreja clerical sobreviveu à alternativa que se lhe opunha. Ou cooptando os membros portadores do novo poder e assim inserindo-os no seu modelo (o caso típico é o movimento franciscano), ou expelindo-os pela excomunhão e pela guerra religiosa (contra os valdenses, cátaros, albigenses e reformadores).

Assim como do judaísmo bíblico se originou a Igreja (conferir Rm 11,11-24), de forma semelhante advém agora da Igreja-sociedade a Igreja-comunidade. A velha cepa, sem esperança, tem suficiente seiva para ainda dar à luz um ramo novo, este sim portador de uma nova esperança. A Sara estéril tem direito, como diz a Bíblia, de sorrir, porque, apesar da idade, pode sempre conceber (conferir Gn 18,12-15).

Por duas razões o fenômeno das CEBs é de extrema relevância em termos de viabilidade histórica de uma alternativa ao poder eclesial vigente. Em primeiro lugar porque dentro da Igreja clerical existem setores que aceitam a emergência do fenômeno das CEBs, dão-lhe apoio e se sentem parte do processo de constituição de um projeto popular de Igreja. Aqui há distintos níveis de aceitação — de cardeais até leigos notáveis. Quer dizer, pessoas e setores que detêm os critérios de legitimidade e de eclesiasticismo oficial (cardeais, bispos, conferências episcopais, teólogos) empenham seu poder em reconhecer o caráter de Igreja às comunidades eclesiais. Elas são verdadeira Igreja na base, e não apenas grupos com elementos eclesiais, inseridos na cultura popular e no universo dos oprimidos e marginalizados.

Esse argumento é forte. Mas sozinho não é decisivo. Pois a Igreja não se basta a si mesma. Esse fenômeno intra-eclesial pode provocar uma ruptura, um cisma ou um paralelismo de modelos. Daí a importância do segundo ponto, vale dizer, da articulação das CEBs com o movimento popular. A base social da Igreja-comunidade é a mesma do movimento social. É a massa pobre e conflituosa que compõe um e outro fenômeno. A força maior não está apenas nas CEBs, mas também na sua capacidade de articulação com outras forças populares. Na comunidade os fiéis querem viver uma comunidade fraternal (no sentido de Max Weber), e nos movimentos querem ajudar na construção de uma democracia de base, mais participativa e respeitadora das diferenças, associada à busca crescente de igualdade. Há aqui uma conaturalidade de perspectivas, de sonho e de utopia, guardado sempre o alcance distintivo do ideal religioso que implica a ressurreição da carne e a vida eterna, o que nenhum processo social pode prometer. Por isso falamos de conaturalidade, e não de mera identificação. Mas se trata de um único movimento de transformação que começa na história e a ultrapassa infinitamente.

Esse modelo de Igreja se articula, portanto, com as classes subalternas. Seus interesses objetivos vão na linha da libertação, como as CEBs também almejam. Então, o projeto eclesial libertador se acopla com a libertação econômica, política e cultural como expressão do novo sujeito histórico: os pobres e oprimidos organizados.

Está em curso, portanto, a construção de um novo consenso eclesial, feito pelas CEBs com seus aliados da Igreja clerical e pelas articulações que elas entretêm com o movimento popular de cunho libertário. O consenso se dá ao redor desta convicção: no centro da ação da Igreja devem estar os oprimidos e marginalizados (como fenômeno coletivo, em termos de classes dominadas, raças humilhadas, culturas desprezadas, setores subalternizados, como as mulheres, ou grupos discriminados, como os hansenianos e aidéticos, entre outros). Não como objeto da ação de clérigos que optaram por eles, ou da generosidade beneficente mas nada participativa da estrutura clerical. Mas como sujeitos de construção de um jeito popular de ser Igreja e sujeitos de transformação de relações sociais.

Tendencialmente as CEBs estão ganhando autonomia ideológica. Quer dizer, estão elaborando uma concepção teológica consistente e autônoma da Igreja, de sua relação com o sonho de Jesus, o Reino, de sua função libertadora do lado dos oprimidos e marginalizados e a partir deles aberta a todos e às distintas culturas. Isso é fruto da leitura da Bíblia, da apropriação da reflexão teológica a partir da prática na comunidade eclesial e nos movimentos sociais, da espiritualidade de compromisso e de libertação que está sendo gestada. Mas isso é apenas tendencial. Há contradições, espírito de repetição do discurso do agente, socialização mal elaborada do novo modo de ser Igreja como rede de comunidades. Mas é inegável que algo de novo aponta. É frágil. Mas tem a força das raízes finíssimas que haurem a seiva profunda que alimenta a castanheira majestosa da Amazônia. Portanto, as CEBs estão grávidas de promessa e de esperança de que uma alternativa de poder eclesial não seja impossível.

Nesse novo modo de ser Igreja não se trata de negar a figura do bispo, do sacerdote e do religioso/religiosa. Trata-se de superar um modelo de exercício dessas funções por meio da troca de lugar social (do lugar hegemônico para o lugar subalterno, no sentido de construir uma nova hegemonia), e de inaugurar um estilo novo de agente eclesial, inserido na comunidade, e não acima dela, sentindo-se parte de um todo eclesial, e não parte somente da Igreja clerical.

Diante desse desafio de consolidação da autonomia, revela-se importante a presença dos intelectuais orgânicos. Primeiramente os internos e os produzidos pela própria comunidade. Depois os externos que engrossam o projeto popular de Igreja. Eles (cardeais, bispos, padres, teólogos, profissionais portadores de um saber específico) podem ajudar na elaboração de uma concepção homogênea do mundo, da sociedade e da Igreja a partir da ótica dos oprimidos que buscam a libertação. Sem a colaboração e a cumplicidade deles, a alternativa popular corre o risco de ser deslegitimada, exorcizada e destruída. Ou simplesmente será cooptada, de modo a trazer, inegavelmente, reformas valiosas para a Igreja clerical, mas a manter a estrutura de poder clerical, elitista, discricionária e culturalista. Assim se abortaria uma chance histórica única.

3. Estratégias e táticas a usar na resistência e no avanço do projeto popular de Igreja

O projeto popular de Igreja está hoje ameaçado pela Igreja clerical. Esta habilmente entendeu o risco que significa, para o exercício tradicional do poder, o novo consenso eclesial baseado não no clero (sociedade hierarquizada), mas na comunidade fraternal. Não precisamos enumerar as várias estratégias da Cúria romana para desestabilizar a Igreja na base e para reforçar o eixo clerical. Seus estrategistas o fazem com inesgotável boa-vontade. Estão certos de que cumprem uma missão divina. Sentem-se defensores do povo fiel indefeso, porque o consideram ignorante e sem capacidade de elaborar reflexivamente a própria fé e dar as razões de sua esperança. Destruir a outra alternativa pela desmoralização simbólica, pelo ataque a seus agentes, pela deslegitimação de sua teologia, pela punição exemplar de algumas figuras é, para a Igreja clerical, virtude do verdadeiro apóstolo e do bom pastor. E usurpam para si o título de novo Crisóstomo, Agostinho redivivo.

Bem dizia Pascal: nunca o mal é tão bem-feito, quando vem feito com boa-vontade. Por causa desse equívoco Jesus foi crucificado e antes dele todos os profetas foram chacinados. Hoje essa lógica perversa continua. A Igreja clerical tem feito muitas vítimas e provocado sofrimento injusto. Centralizada em si mesma e em seu próprio poder, ela é expressão daquilo que Paulo chama "a carne". A carne traz a morte (Rom 8,6; Gal 6,8). A carne não entende as coisas do Espírito (Rom 8,5). E as CEBs significam a Igreja que nasce da fé do povo pelo Espírito de Deus, e não pelo poder de dominação e imposição imperial ou clerical. Para entender esse evento do Espírito, a Igreja clerical precisa ser espiritual. Mas somente o será à condição de não mais ser clerical para ser comunial, participativa e pericorética (inter-retrorrelacionada) como o mistério da Trindade santa, o protótipo derradeiro de toda convivência da diferença e da unidade.

A estratégia principal da Cúria romana será cooptar as CEBs para o quadro da Igreja clerical. Isso significará um processo de paroquialização das CEBs, e assim sua subordinação ao poder do pároco, único portador de poder e dos critérios de eclesiasticismo. Dessa forma elas deixarão de ser alternativas ao poder vigente. Assim como para os estratos modernos da sociedade existem os movimentos laicais — muitos deles transnacionalizados, como o Opus Dei, Focolari, Comunhão e Libertação — assim para os estratos "pré-modernos e pobres" existem as CEBs e as pastorais sociais da Igreja-grande-instituição. Dificilmente a Cúria romana faria uma condenação das CEBs. Pois implicaria ferir o próprio corpo, na medida em que atingiria cardeais e bispos. Ora, estes são como canhões. Produzem grandes estragos. Eles podem produzir uma hierarquia paralela e diferente. Por isso devem ser o mais possível respeitados, poupados, cooptados ou isolados. O caminho não será provocar um cisma. Mas garantir o caráter dependente e associado do catolicismo latino-americano. A Igreja deverá continuar a ser uma Igreja-espelho. Jamais, na perspectiva clerical, será uma Igreja-fonte, com rosto das raças e culturas que aqui vicejam.

Perante essa estratégia, devemos saber atuar politicamente, na perspectiva do espírito das bem-aventuranças e no horizonte de uma espiritualidade pascal que aprende das crises e se fortalece nas perseguições.

Em primeiro lugar, importa continuar a penetração no continente dos pobres e permitir que eles construam o projeto popular de

Igreja. A partir dessa inserção, explorar tudo o que no direito canônico atual se abre para a participação dos leigos e dos presbíteros na formulação da pastoral. Crescer, portanto, para o fundo.

Em segundo lugar, faz-se mister fortalecer os aliados, fazendo com que mais e mais intelectuais orgânicos se incorporem à Igreja da base. Crescer, portanto, pelos lados.

Em terceiro lugar, é urgente garantir que mais e mais bispos e setores da Igreja clerical sejam convertidos à causa evangélica dos pobres e oprimidos (lembremo-nos do nº 8 da *Lumen Gentium*). Estes são aliados contraditórios porque vivem uma cumplicidade dolorosa, mas são imprescindíveis no processo de legitimação e consolidação de um novo modo de ser Igreja. Crescer, portanto, para cima.

Em quarto lugar, garantir sempre a articulação da Igreja da base com outras Igrejas. O ecumenismo enriquece a perspectiva evangélica e protege contra as investidas da grande instituição clerical. Especialmente no aspecto das celebrações eucarísticas, essa articulação com outras Igrejas que também possuem celebrações da Ceia do Senhor se mostra libertadora. Os católicos participam da celebração. Quem poderá negar que aí não está sacramentalmente o Senhor?

Em quinto lugar, é imperioso manter sempre viva a articulação com o movimento social libertário. Importa arrebatar o Evangelho como inspiração para a insurreição e a libertação da velha e perversa ordem que tantas iniquidades perpetrou na história e que soube cooptar para si o poder da Igreja como aparelho de legitimação de seus ideais e interesses. Os sonhos de libertação não são monopólio das esquerdas indiferentes, gnósticas ou atéias. É um imperativo da memória perigosa e provocadora de Jesus e de seus discípulos. Nas CEBs lateja a força iracunda e terna ao mesmo tempo dessa utopia do profeta de Nazaré que era o Filho de Deus encarnado na nossa miséria. A inclusão do social no projeto popular de Igreja dará força ao novo consenso eclesial.

Em sexto lugar, e decisivo não cair na tentação de institucionalizar as CEBs como subdivisões das paróquias. Elas não são um movimento na Igreja, mas a Igreja toda em movimento. Caso contrário, ficariam configuradas num quadro canônico tradicional e perderiam sua originalidade. Elas devem continuar como dinâmica que penetra todo o tecido eclesial. Não são apenas uma configuração nova de poder e de maneira distinta de ser Igreja. Constituem também um espírito comunial e participativo que permeia todos os espaços eclesiais e sociais.

Em sétimo lugar, importa sermos realistas. A força da Igreja-sociedade é muito intensa. Ela atende, por sua organização, às demandas dos cristãos que procuram a salvação individual, sem se preocuparem com a comunidade e com a responsabilidade pela natureza e pelo futuro da Terra. Ela é funcional para o sistema liberal e da acumulação privada. Esse tipo de Igreja criou sua justificativa dogmática, canônica e litúrgica. Devemos partir do pressuposto que poderá durar por séculos e até, quem sabe, chegar ao juízo final. Mas isso não nos deve levar ao desânimo. Ao lado dela, mas sem romper com ela, surge uma Igreja-comunidade que atende, com outro espírito, às demandas religiosas das pessoas, particularmente àquelas que guardam uma referência explícita com a utopia de Jesus e dos apóstolos. Esse modelo de Igreja é, por sua vez, funcional a uma sociedade democrática, participativa e de linha popular.

Importa que a teologia e os cristãos legitimem teologicamente esse novo modo de ser comunial de Igreja e o justifiquem diante do outro modo de ser societário de Igreja. Impedir que a perseguição que o modelo societário organiza contra o modelo comunitário seja demolidor e alcance deslegitimar e impossibilitar sua viabilidade histórica.

Por fim, é importante viver uma perspectiva espiritual. O Espírito inabita o mundo e está presente em todos os processos de mudança que apontam para o novo. Esse Espírito sopra hoje a partir da lixeira humana. É nessa fraqueza que revela sua força histórica, como na imagem eloqüente do profeta Ezequiel, dos ossos que se revestem de carne nova e fazem o povo prostrado reviver (Ez 37,1-14).

Se apesar de todo o esforço fracassar o projeto popular de Igreja, não será por falta do empenho de cristãos lúcidos e ousados. O sonho de Jesus continuará um sonho. Sonhado pelo indivíduo e por uma Igreja clerical que oferece a salvação individual, se transformará numa frustração histórica. Sonhado junto, em mutirão, como cantam as CEBs, será uma grande libertação. O sonho de Jesus não pode continuar sonho. Deve fazer-se força histórica para os que precisam de libertação e se organizam para traduzi-la em práticas produtoras de vida.

REFERÊNCIAS BIBLIOGRÁFICAS

A. Baldissera, *Cebs, poder, nova sociedade*, São Paulo, Paulinas, 1988.
C. Boff, *Comunidade eclesial – comunidade política*, Petrópolis, Vozes, 1978.
C. Perani, "Comunidades eclesiais de base e movimento popular" in *Cadernos CEAS*, 1981, p. 25-33.
F. C. Rolim, *Religião e classes populares*, Petrópolis, Vozes, 1985.
_____ "Max Weber e sua proposta de Comunidade Fraternal", in *REB* 1986, p. 795-813.
F. L. C. Teixeira, *A gênese das CEBs no Brasil-elementos explicativos*, São Paulo, Paulinas, 1988.
Frei Betto, "As CEBs e o projeto político popular", in *REB* 1986, p. 578-589.
G. Olivieri, *Novas formas de ser Igreja*, Andradina, Novas Formas Editorial, 1995.
H. Portelli, *Gramsci e a questão religiosa*, São Paulo, Paulinas, 1984.
Instituto Nacional de Pastoral. Comunidades eclesiais católicas. Resultados estatísticos, Petrópolis, Vozes, 1995.
J. C. Petrini, *CEBs: um novo sujeito popular*, Rio de Janeiro, Paz e Terra, 1984.
J. Galea, *Uma Igreja no povo e pelo povo*, Petrópolis, Vozes, 1983.
J. I. Follmann, *Igreja, ideologia e classes sociais*, Petrópolis, Vozes, 1985.
L. Boff, *Eclesiogênese. As Cebs reinventam a Igreja*, Petrópolis, Vozes, 1977.
L. Boff, "Uma alternativa de poder na Igreja?", in *A Igreja e o exercício do poder*, organização de Maria Helena Arrochellas, Rio, ISER, p. 1992, 57-70.
L. G. de Souza Lima, *Evolução política dos católicos e da Igreja no Brasil*, Petrópolis, Vozes, 1979.
_____ "Comunidades eclesiais de base e organização política: notas", in *Revista Vozes*, 1980, p. 61-82.
M. Hebblethwaite, *Base Communities*, Londres, Geonfrey Chapman, 1993.
O. Maduro, *Religião e luta de classes*, Petrópolis, Vozes, 1981.
P. A. R. Oliveira, *Religião e dominação de classe*, Petrópolis, Vozes, 1978.
_____ "Oprimidos: opção pela Igreja," in *REB* 1981, p. 643-659.
R. Velasco, *La Iglesia de Jesús*, Estella, Verbo Divino, 1992, p. 109-115.
W. L. Sanchez, *CEBs: avanços e obstáculos dentro de um projeto popular de Igreja*, PUC, São Paulo 1989.

OBRAS DO AUTOR

Jesus Cristo libertador. Petrópolis, Vozes.
A nossa ressurreição na morte. Petrópolis, Vozes.
Vida para além da morte. Petrópolis, Vozes.
O destino do homem e do mundo. Petrópolis, Vozes.
Os sacramentos da vida e a vida dos sacramentos. Petrópolis, Vozes.
A graça e experiência humana. Petrópolis, Vozes.
Teologia da libertação e do cativeiro. Petrópolis, Vozes.
Natal: a humanidade e a jovialidade de nosso Deus. Petrópolis, Vozes.
Paixão de Cristo – Paixão do mundo. Petrópolis, Vozes.
O rosto materno de Deus. Petrópolis, Vozes.
O Pai-Nosso. A oração da libertação integral. Petrópolis, Vozes.
A Ave Maria. O feminino e o Espírito Santo. Petrópolis, Vozes.
Francisco de Assis – ternura e vigor. Petrópolis, Vozes.
A trindade, a sociedade e a libertação. Petrópolis, Vozes.
O caminhar da Igreja com os oprimidos. Petrópolis, Vozes.
A Santíssima Trindade é a melhor comunidade. Petrópolis, Vozes.
Francisco de Assis: o homem do paraíso. Petrópolis, Vozes.
A águia e a galinha: uma metáfora da condição humana. Petrópolis, Vozes.
O despertar da águia: o dia-bólico *e o* sim-bólico *na construção da realidade.* Petrópolis, Vozes.
Saber cuidar. Ética do humano – compaixão pela terra. Petrópolis, Vozes.
Depois de 500 anos: que Brasil queremos. Petrópolis, Vozes.
Ética e moral: a busca dos fundamentos. Petrópolis, Vozes.
A hospitalidade: direito e dever de todos. Coleção Virtudes para um outro mundo possível, vol. I, Petrópolis, Vozes.

Convivência, respeito, tolerância. Coleção Virtudes para um outro mundo possível, vol. II. Petrópolis, Vozes.

A comensalidade: comer e beber juntos e viver em paz. Coleção Virtudes para um outro mundo possível, vol. III. Petrópolis, Vozes.

Experimentar Deus: a transparência de todas as coisas. Campinas, Verus.

Crise: oportunidade de crescimento. Campinas, Verus.

Via-Sacra para quem quer viver. Campinas, Verus.

A cruz nossa de cada dia: fonte de vida e ressurreição. Campinas, Verus.

Ética e eco-espiritualidade. Campinas, Verus.

Novas formas da Igreja: o futuro de um povo a caminho. Campinas, Verus.

São José: a personificação do Pai. Campinas, Verus.

Brasa sob cinzas. Rio de Janeiro, Record.

Igreja: carisma e poder. Rio de Janeiro, Record. Edição ampliada com a documentação.

CO-AUTORIA

Como fazer Teologia da Libertação? (com Clodovis Boff). Petrópolis, Vozes.

Mística e espiritualidade (com Frei Betto). Rio, Garamond.

Espírito na saúde (com Jean-Yves Leloup, Pierre Weil, Roberto Crema). Petrópolis, Vozes.

Os terapeutas do deserto. De Filon de Alexandria e Francisco de Assis a Graf Dürckheim (com Jean-Yves Leloup). Petrópolis, Vozes.

Princípio de compaixão e cuidado (com Werner Müller). Petrópolis, Vozes.

Globalização: desafios socioeconômicos, éticos e educativos (com Marcos Arruda). Petrópolis, Vozes.

Terra América: imagens (com Marco Antonio Miranda). Rio de Janeiro, Sextante.

Masculino, feminino: experiências vividas (com Lúcia Ribeiro). Rio de Janeiro, Record.

INFANTO-JUVENIS

O casamento entre o céu e a terra. Contos dos povos indígenas do Brasil. Rio de Janeiro, Salamandra.

O ovo da esperança: o sentido da festa da Páscoa. Rio de Janeiro, Mar de Idéias.

O sol da esperança. Natal: histórias, poesias e símbolos. Rio de Janeiro, Mar de Idéias.

Este livro foi composto na tipologia Rotis Serif,
em corpo 11/15,6, e impresso em papel off-white 80g/m^2
pelo Sistema Cameron da Distribuidora Record
de Serviços de Imprensa S. A.